高捧顏值的時代，
勝出需要腦袋

萬特特——著

高寶書版集團

前言

在這個以靠爸、看臉為生存技能的淺薄時代，那些或顏值爆表、或老爸能力驚人的狠角色，總能在眾目睽睽之下，輕而易舉地站到金字塔的頂端，空留投胎運氣不夠好的你我，坐在塔底嚼嚼酸葡萄。

這很殘忍，但卻是現實。

越來越多人厭棄自己天生而來的某些東西，拚命地試圖改變自己的容貌、體型以符合他人的想像。

被萬千女孩當作女神的艾瑪・華森說過：「我曾經很討厭自己長了那麼濃密的眉毛，在我九歲的時候，我絕望地想要把它們拔掉。而我的媽媽告訴我，正是這樣的眉毛給了我的臉有獨特的辨識度，我不必為此感到羞恥。」

看來，沒有誰認為自己是完美的，即使被我們奉為女神的人，生活也未必那麼稱心如意。

在遭遇俗事敲打、筋疲力竭時，你大可以選擇在味覺裡休憩靈魂，餵飽自己備受冷落的身軀。

在油亮鮮紅的湯汁中，打撈出一片牛肉，酥麻潑辣包裹著舌尖。此刻，吃是一種慰藉，食物是一種補償。你不必為自己身上的任何一塊贅肉感到羞愧，更無須向任何人道歉。坦然地接受自己，不跟自己較勁，不找自己彆扭，那多出來的一點體重，又算得了什麼呢？

我們應該因為自己擁有不同的外貌和體型而感到慶幸，正是那些不一樣，使我們成為獨一無二的自己。

我們的身體是容器而非裝飾品。我們要試著與它和解，而不是戰勝它。

每個人的出廠配置都不一樣，在血統與運氣面前，並不是人人平等的。

或許有人可以依託庇佑，在過去二十幾年裡，輕鬆擁有別人花費很多力氣才能得到的東西。但當我們進入社會、踏足職場就會發現，除了你的家人以外，沒有人能容忍你見識的膚淺、能力的短缺。現實會變成一個個打臉的巴掌，再多的光環和錢財也支撐不了一個3D版的魯蛇。

但也有人在短暫羨慕別人的生活後，選擇悶頭趕路。不去向神佛祈禱賜予好運，在略帶迷茫與不安的平凡生活裡，繼續做著自己熱愛的事。

他們在沒有老爸可以靠的時候，選擇了靠自己。在沒有背景可依賴的時候，努力成為自己的背景。

這個靠爸、比家世的世界或許功利，但至少它承認每一個人的努力。職場和生活都是殘酷的，這裡不論出身，只看強弱。

那些無顏無背景的人，用另一種方式在這世界刷出自己的存在感，你可以透過他們單薄的身體，看到背後閃亮的靈魂，以及帶著微微侵略性的撩人感。

我們把這種帶著塵俗氣息的美，叫做熱鬧。它是你的另一張面孔，你站在人前未開口，它會替你先說話。

不要從二十幾歲開始，就過上每天「複製、貼上」一萬遍的日子。真正的工作是一場真愛，是你自帶光芒的粉底液，是你自主分泌的玻尿酸。它帶來的甜蜜感和滿足感，遠遠超過你為了見一個男人而盛裝豔抹等待時的小心機。

一個女孩子最大的安全感，是擁有讓日子越過越好的能力。別人的錢，你花再多也不會爽。

人們已經越來越不滿足於普世審美裡的膚白貌美，反而被那種從骨子裡散發出的氣場所吸引。它是一個人在年歲裡所有辛酸苦辣經歷的總和，是在時光裡為自己譜寫的三百六十度環繞立體聲出場音樂。

畢竟好看的面孔千篇一律，有氣場的靈魂萬裡挑一。

那種脫離庸俗的高級感，亦剛亦柔，亦莊亦諧，是沒有一絲哀傷的味道浸染在身上，是帶著一股朝氣和倔勁，在人生的洪流中，一絲不苟地用心鋪陳生活，一筆一筆地寫下篇定自信。

這就是為什麼有人全身名牌，看上去依然美得空洞，而有人穿著簡單的白襯衫，看起來卻那麼迷人且值錢。

你的美貌是你的天賦，但你不能除了它以外一無所有。

真正讓你在嶙峋料峭的人生裡穩穩站立的，是你熱忱飽滿的生活態度，以及花了心思的生活方式。

熱鬧的人不需要從外界吸收光和熱，因為他們本身就是熱源和發光體。他們的世界自帶調色功能，他們在庸常的瑣碎裡也能活出妙趣橫生。

熱鬧的人在經歷過不知如何是好的黑暗和荒謬後，依然選擇對煙火人間保持善意。熱鬧是一個人由內而外生出的靈動，是一種沒有保存期限的存在，時間和地心引力也都帶不走它。熱鬧是對平凡生活的另一種解釋，告訴自認為有欠缺的你，生活的每一天都值得盛裝出席。

熱鬧的人把「好看」當成運氣，而非實力。比起依附他人生活，他們更愛錢包裡自己賺來的錢。它與年齡、出身無關，它是一種升級過的生存模樣，也是一種與世界和諧相處的姿態。

坦白地說，這本書不是一張可以讓你一夜變美的面膜，也不是一台可以讓你一朝暴富的吃角子老虎。

它的初衷，是讓更多人看清和接受不能改變的事實，努力提高自己內心的彈性。它的功能，也不過是在陰鬱籠罩、懨懨喪氣的病態中拉你一把，幫你把人生解讀出另一種可能。

生活會用乏味、無聊和不如意來消磨我們的心氣，打擊我們的熱情。唯有對生活滿懷誠意，活得豐盛，才能跟強悍的現實打個平手。

當你終於有所改變，也許你會發現，你自己本來就是一個熱鬧有趣的人。

如果是這樣，真好。

目錄

CHAPTER 2 沒有誰的人生段位，是由顏值決定的

CHAPTER 3 不能靠爸，那就拚命吧

CHAPTER 5 香水我自己買，你給我愛情就好

CHAPTER 1

好看的臉蛋很多，有趣的靈魂太少

我們從來都被教導要去做一個優秀的人，可從沒有人告訴過我們，如何去做一個有趣的人，將這無聊的世界活成自己的遊樂場。

好看的臉蛋很多，有趣的靈魂太少

其實讓大多數人感到累和疲憊的並不是生活本身，而是他們生活的態度和生活的方式。

＊＊＊

有一個女孩在網路上貼出自己裝修租屋攻略的事，在網上引起了小波瀾。聽說裡面有不少值得一看的建議，經濟適用又不失美感，獲得了眾多網友的好評。但也不乏一些這樣的評論：

「又不是自己的房子，花那麼多錢有什麼用？」

「真是浪費錢，下班回去睡一覺，早上起來就走了。花時間弄成這樣能看上幾眼？」

「等搬家的時候，這些東西都帶不走，便宜了別人。」

後來，這女孩從容地在微博上回應質疑：房子是租來的，但生活不是啊。我花心思改動可以褪去一天疲憊的小窩，我覺得蠻值得的。

我上網找到這位女孩的發文，默默地在女孩的回覆下按了讚。

很多人動不動就喜歡質問：這有什麼用？那有什麼用？

這樣的人被叫作「倔強的實用主義者」。他們喜歡什麼都直奔目標而去，要有真真切切的實用性。

他們對事物過程中的小欣喜並不感興趣。說白了，這類人是缺乏生活情趣而已。

很多人過得不好，並不是因為沒有錢和時間，而是因為他們的生活沒有精氣神，沒有讓自己豐盛的生活情趣。生活剝露出最原始最粗陋的一面，越來越追求實用化的背後，其實就是一個人對生活的感受變得越來越麻木、乾癟。

無趣是一種絕症，知識也解不了它的毒。

這世上實用的東西有很多，但是幸福感和悅己感卻很稀缺。

＊＊＊

年初時去外地出差，與在那座城市工作的伊伊見了面。好友許久未見，把酒言歡自然是少不了的。

我說：「我們這麼熟了，別破費了，就在家裡吃吧。」她看實在拗不過我，便邀我週六去她家。

我買了水果和小雛菊，按照她給的地址興沖沖地跑去她家。

她住的是合租房，自己的臥室五六坪左右。我推門進去，被簡潔清爽的北歐風裝飾嚇了一跳。水藍色壁紙，木色的雙門衣櫃，灰色的地毯乾淨蓬鬆，簡潔的書架上整齊地排列著她平時愛看的書。在房間裡的每一處，都能感覺到她的小心思。她遞過來一個玻璃瓶說：「花插在這裡吧。」我定睛一看，花瓶上有她自己的塗鴉。

她做飯的時候，我倚在一旁看著她。焦糖色家居服，沒有一處褶皺和起球。指甲上沒有花俏的圖案，髮型依舊是上學時的黑長直髮。畢業這麼多年，她似乎變化不多，扔在人群裡真心一點都不起眼，但當你靠近她，就會被她的精緻深深吸引。

生活的艱辛和工作的疲憊似乎沒有侵略她的心。她瘦瘦弱弱的樣子，卻透著一股胸有成竹的淡定。

或許，美好的東西能抵抗生活中的沮喪和困頓，一個人專注於審美、講究生活趣味的分分秒秒，就是取悅自己的過程。

伊伊在某品牌化妝品公司做行銷。每天晚上有固定兩個小時的進修時間，寫工作計畫，進行視訊會議，而這個時間段她會關掉 WiFi，收起手機。

和她聊天，她會笑盈盈直視你的眼睛，認真傾聽你說的每一句話，意見不同時她不會急著打斷你，而是等你說完後，慢悠悠地說出自己的想法。

好朋友的生日她會提前標註在日曆上，精挑細選出禮物，手寫賀卡，郵寄給朋友。

她並沒有當今人們心裡那些女神們通用的標準配置，只是當大家把生活過成匆忙的流水席，在凌亂的租屋裡湊活過日子，草草糊弄每一份工作，疏於經營每一段交情的時候，她珍視每一件小事，並且自得其樂，把生活拋給她的一團廢紙展開，氤氳成山水畫。

過度追求實用，會讓生活變得粗礪清苦，就像活在堅硬的水泥裡一樣，毫無質感和幸福可言，讓人焦慮。

生活就是生動地活著。活著就該體會到生活情趣所帶來的心靈愉悅、溫潤、舒暢，而且帶著幸福感。

沒有無聊的人生，只有無聊的人生態度。生活會用平淡消磨我們的熱情，做一些無用但喜歡的事，有能力取悅自己，唯有這種情趣能讓你跟強悍的現實打個平手。

有趣的人，一碗白粥也能喝出蜂蜜的甜味。

＊＊＊

生活裡，有趣的人可謂是自帶吸引他人的光環。而愛情上，有趣這一特質也總能勝人一籌。

「我就是想不通，他喜歡她什麼呢，我到底哪裡不好了？」蝴蝶委屈地癟著嘴，擦掉幾度欲墜的眼淚，狠狠地吸了一口果汁。

蝴蝶指指自己的肩膀。「那女生大概有這麼高，腰是我的兩倍粗，長得一點也不美，也沒看出什麼聰明伶俐。」蝴蝶越說越氣，狠狠跺著腳。姊妹們知道她追男神兩年未果，如今被他人輕輕鬆鬆地收入囊中，心裡自然是不甘和苦悶，便對她那不饒人的刻薄抱怨沒有阻止。

她痛快地吐槽一通得出結論。「男神這回算是鮮花插在牛糞上了。」

「那你趕快去找自己的牛糞啊，你們公司的單身男生也不少。」我逗她。

蝴蝶撇撇嘴：「他們啊，沒興趣。」

除去偶爾的嘴不饒人，蝴蝶確實算得上是一位不錯的交往對象。即便是素顏，也頗有幾分張柏芝年輕時的模樣，而且自學了兩種外語，喜歡讀歷史，沒有公主病也沒有玻璃心。

我看著蝴蝶高挑纖瘦的身影，突然想起那句話：愛情這東西有時是一種感覺，跟個人是否優秀無關。

見到蝴蝶的「情敵」，是在朋友舉辦的一次團體旅行中。

那個女生的模樣，的確普通到讓人看一眼根本記不住。大家做自我介紹的時候，她笑著與我們打招呼「嗨，我叫大晴」，靦腆中透著一股活潑勁。

我腦子裡突然回想起蝴蝶的話。「他喜歡她什麼呢，我到底哪裡不好呢？」

是啊，大晴哪裡好呢？

因為都是同齡人，大家很快開始熱絡起來聊天，姑娘們無非是聊八卦，某位歌手公布戀情了，誰和誰在一起被拍到了。男生們則是討論球賽，這個賽季哪位球星表現優異。

不知她從哪裡拾來了一些散落花瓣，拿一根細麻繩將它們串起來，圍在我們搭的帳篷上，千篇一律的帳篷瞬間變成自帶仙氣的花房。這讓我想起蝴蝶，面對鬧鬨哄的場景，從來都是不屑一顧，丟下一句「多大的人了，有意思嗎？」

比起蝴蝶，大晴似乎多了一點純真。

午餐時，大家準備露營燒烤，她和幾個男孩子一起把各種食物、工具從車上搬動下來，沒有半點嬌氣。一邊幫忙點火，一邊笑嘻嘻地跟旁邊的人聊起自己小時候在河裡抓魚的事情。在陽光下，她的笑臉透出一種莫名其妙的可愛，真實、簡單又澎湃愉悅。

吃吃喝喝熱鬧盡了，大家退去一旁打牌。她默默收拾殘局，把頭髮綁起，戴著塑膠手套把垃圾收起來，撿起地上的竹籤，沒有半點不耐煩。等大家想起收拾垃圾時，她已經將東西歸置得整整齊齊。

傍晚的時候，幾個朋友討論著路線問題，我們女生就在路邊的一家便利店休息，我隨便泡了一碗泡麵胡亂吃了幾口。

而一旁的大晴，在放好醬汁和調味料後，認真地拌著那碗蔥油麵，又買了幾袋小菜做搭配，伸手遞給我，「只有泡麵太單調啦。」我看著她吃麵的樣子，突然覺得她那看似普通的五官其實也挺美的。

在回程的路上，我問那個男孩：「說說你喜歡大晴什麼呢？」我像是在為蝴蝶尋找答案，更像是在為自己解答疑惑。

男孩眨眨眼。「沒有什麼特別的原因，和她在一起不無聊，她很可愛，她是生活送給我的驚喜。」

什麼是有趣？有趣就是在最普通尋常的日子裡熬出甜味、活出雅致、過得清歡。有趣才是一個人的最高才情。

＊＊＊

我們許多人多半的生命力，似乎耗盡在修煉成熟優秀的內功上，以及與世界的衝撞中，沒有精力愛自己，也沒有餘力愛生活。

蝴蝶就是這樣，她很優秀，卻缺少了接地氣的生活和平常日子裡該有的熱愛，少了對一切未知的好奇和對不同生活的尊重。

我們從來都被教導要去做一個優秀的人，要腹有詩書，要儀態萬方。可從沒有人告訴過我們，如何去做一個有趣的人，將這無趣的世界活成自己的遊樂場。

工作、賺錢、地位等固然重要，但是生活才應該是一個人全部的事業。真正奢侈的生活跟你生活在都市還是鄉村，吃進口食品還是田間青菜並沒有太大的關係。

有趣的人時刻對世界保持著好奇，他們的內心是豐盈的，即便是住在蝸居裡，依舊有搭個花架種幾盆花花草草的情趣。他們不一定行萬里路，但憑著一股對生活的炙熱，總能把普通的日子過得熱氣騰騰。

有人說：眼眸比身體性感，杯碟比食物味濃。愛錢不膩富，愛詩不添醋，山林自有雪霧。做世俗裡有情有趣的人，才最情深意重。

在這個世界上，永遠不缺少各式各樣的人，可唯獨有趣的人最難遇到。和有趣的人在一起，不需要飯菜下酒，因為他的故事可飲風霜，可潤溫喉。

無論是大晴還是伊伊，或是那個改造租屋的姑娘，即便她們沒有姣好的面孔，你卻能透過他們單薄如紙的皮囊，看到背後閃亮的靈魂。

她們一定不是瑟縮在櫃子裡的珠寶，或是被冬日寒霜拍死的枯植。沒有人能挾持她們的美麗，她們更像自由行走的花朵，溫柔從容地對抗著世俗的粗糙。

你這麼獨立，可不是為了沒人疼

大部分人單身久了，不懂得怎麼去愛；大部分女孩單身久了，不知道怎麼被愛。

＊＊＊

芒果有一天突然問我：「你說我也不差啊，怎麼沒有人追呢？」

如果換做別人，估計會說他們眼瞎唄。而我笑了笑說：「因為你的腦門上寫了『獨立自主新女性』這幾個大字。」

芒果翻了個碩大的白眼。我接著說：「芒果，你知道自己像一隻特立獨行的貓嗎？不是在主人懷裡賣萌的那種，而是走在房梁上、屋頂上的那種貓，所以喜歡你的人只能遠遠地看著，望而卻步，抓不住也摸不著。」

或許是第一次聽到我這樣評價她，芒果愣愣地看著我，半天沒回過神。

芒果算得上是當今典型的「三好女孩」，家境好、工作好、臉蛋好。經濟上獨立自主，生活上有自己的朋友圈，工作上小有成就，閒暇時間還有自己的興趣愛好。

餓了不會撒嬌只知道買東西回家自己煮；迷路了不會問路只知道掏出手機自己看地圖；遇見喜歡的人不會主動只等著做後補；看上眼的東西不會告訴別人只會努力賺錢買給自己。不誇張地說，你買一袋大米放在那裡，芒果能幫你扛回家。對了，去年我家的馬桶壞了，就是芒果幫忙修好的。

像芒果這樣特立獨行的貓，在受傷的時候，會跑到一個安靜無人的地方蜷縮下來，自己去舔舐傷口，讓它慢慢自癒。這樣的女孩，似乎強大到能夠治癒自己所有的一切。

你總是懂得照顧身邊的人，久而久之，別說身邊的人了，連你自己都忘了，你也是需要被照顧的人。

＊＊＊

我聽過這樣一位女孩的故事。

Amy 芳齡三十，為人耿直，做事冷靜。她有著高於一般女孩的理智，那些選擇困難症、口是心非症之類的和她絲毫不沾邊，做任何事情都殺伐決斷，沒有絲毫遲疑。對於婚姻這件事情，可謂是固執到偏執。

Amy 在讀大學的時候，有一位非常優秀的男朋友，從個人成績到組織能力，都十分出色。兩人畢業後在同一個城市工作，按理來說一切都該是水到渠成的。

可喜帖還沒收到，等來的卻是 Amy 跟對方提出分手的消息。

在大家的輪番逼問下，Amy終於吐露了實情。

她說自己這些年一直在想，該找一個怎樣的人共度一生。男友能力優秀固然好，但在性格方面，對方凡事喜歡作主的意識卻不是她想要的，在她的心裡，只想要一個聽自己話的男朋友。

在場姊妹們都表示對她的腦迴路非常不理解，有多少女孩一生都在尋找一個堅實的肩膀來依靠，Amy卻反其道而行。

但其實，Amy如今的性格，大概從小就被養成了。在其他女孩擺弄洋娃娃的時候，她已經學會了踢球、爬高。家人認為天性使然，並沒有對她有所約束。即便她骨子裡仍有著渴望被呵護的小基因，卻也抵不過性格變得越來越男性化。

在面對愛情的時候，她既想要作主也想要自由，她總是無法做到適時的示弱，這樣的性格讓她自己也很苦惱。男友雖然對她非常好，但兩個人也時常會因為一點小事吵得不可開交。

於是，再三思考之後，她提出了分手的決定。

Amy後來嫁的男人，是典型的小男人，凡事都隨著她。她雷厲風行的做著事情，男人就跟在後面笑嘻嘻的點頭表示贊同。她也偶爾會抱怨對方什麼都不管，但她依然固執地認為，這才是最適合自己的生活。

跳出故事來說，任何事情都是雙面的，無法說Amy嫁給誰才是更好，但我想，如果不是Amy在任何關係中都想要占到上風的性格，她一定不會抗拒同樣優秀的對方與自己共同生活，不會放棄曾經那段如此契合甜蜜的感情吧？

過分的強悍，或許恰恰是因為內心對被愛的極度渴望而不得。

過分的獨立，其實也是不懂得愛。

＊＊＊

如果說上個故事中的Amy過分強悍，那麼Judy便是生活太「獨」的典型。

我們每天背著父母偷偷看漫畫書的年紀，Judy已經開始學會每天晚上監督自己寫作業了。凡是她想考的證照，從來沒有一個拿不下的。凡是她想學的樂器，沒有一個學不精的。

在我們大部分人做事三分鐘熱度的時候，她總是能夠用驚為天人的毅力讓我們無地自容。

Judy在紐西蘭留學畢業後便在那邊找到了一份喜歡的工作。七年獨自生活的時光，讓本就自律能力超強的她越過越「獨」。雖然她也很喜歡參與集體活動，但真的無法長時間的和一個人生活在一起。她也因此困擾過。

這些年，有過幾個不錯的男孩追求她，外國的高鼻梁帥哥、金融界後起之秀、收入頗高的IT男等等，Judy也曾試著和他們交往，但最終都因無法忍受任何人來擾亂她的生活秩序而失敗告終。Judy 將生活安排得井井有條，其中只有一小塊是公共時間，其餘全部屬於她自己。

就在昨天，我接到 Judy 的電話。

「親愛的，我在土耳其乘熱氣球呢。景色太美，不打給你分享真是可惜了。」

「又是一個人出去的？」「當然。」

「什麼時候回來？」「還不知道呢。」

「讓熱氣球把你帶走別回來了。」「哈哈，不說了，我要在空中許願了。」

其實，有時候我會羨慕她追求自由的勇氣，因為她不怕面對任何突如其來的未知，她知道自己全部都能搞定。但是，這樣的她或許並不是不懼怕孤單，而是早已適應了孤單。留學和工作的幾年裡，形單影隻成了她生活的常態，所以身邊多一個人的時候，才會讓她感到不自在。

可我一直相信，或許某一天 Judy 會遇見一個人，讓 Judy 可以學會接受疼愛，放下心中的桎梏，接受吵吵鬧鬧接地氣的凡常生活。

每一個看似像一座孤島的女孩背後，大概都有一個心酸的故事和一段孤獨的日子。

沒有人天生就是這樣，她們一定也有過柔弱的時候，但卻在想要依靠的時候，沒有找到那個屬於自己的懷抱。

＊＊＊

如今越來越多的女性希望展現出自我的價值，所以她們變得非常獨立、強勢，遇到困難從不肯求助、示弱，甚至要求自己像男人一樣強硬、競爭。

這樣的獨立，是一種「陽剛味」很重的獨立。

強大的確讓我們活得更安全，但它就像鎧甲一樣，一層一層地將我們包裹，將自己與情感隔離。時間久了，我們的內心變得堅硬，缺乏溫度和柔軟，無法體驗和感知到許多細小、平凡的快樂，甚至無法觸碰到真實的自己，無法過上一種更真實的生活。

我們的身上似乎都缺乏一種柔軟的物質，喪失了輕盈生存的姿態，拖著重重的鎧甲，活得辛苦又疲憊。

我們似乎都忘了，世界上還有「示弱」這件事。

堅強獨立並不代表完全不依賴他人，適當示弱依賴也並不是懦弱失敗的表現。一個成熟的人應該是堅強獨立，但也是允許自己示弱依賴的。

作為女人，這一生有兩件事是需要學習的，一個是獨立自主的能力，一個是依賴他人的勇氣。

示弱、撒嬌、依賴他人是一種能力，更是一份柔軟。一個人如果有足夠的安全感，向別人敞開自己內心深處的柔軟，相信對方也相信自己，才能夠建立起關於愛的連接，讓自己內心充滿活力，情感豐富而不再孤獨無助。

示弱是一種需要學習的能力，也是一種靈動的智慧。

真正的獨立不是言語標榜，不是物質標籤，不是擺高冷姿態讓人難以接近，而是人格的完善。

當一個人的人格得到完善時，才能夠擁有真正強大的內心，才能在感情裡看到真實的自己。承認脆弱又怎樣，正是因為你的脆弱，想要關心愛護你的人，才有發揮的餘地。我相信那些再獨立的女生，再高冷的女王，再十全十美的女神，內心也會有小女生的一面，也希望有人能理解、愛護自己。

希望我們能夠獨立，也學得會撒嬌。

希望我們不被苦難輕易打倒，也同樣會示弱和求助。

希望我們既有賺錢的能力，也能安心享受被照顧的幸福。

我們在路上摸爬滾打，虔誠修行，是為了得到內心的成長、蛻變，從而變得充盈、有愛、謙和，而不是難以接近。

我們是一群更高級的優質物種，比柔弱的女人更堅強，又比堅強的男人更柔軟。

不原諒，也是你的權利

傷害本身並沒有任何正面意義，讓它變得有意義的是你因此而變得強大。傷害你的人也從來沒想過讓你成長，真正讓你成長的是你的反思和選擇。

＊＊＊

叮噹說，當她接到那個陌生女孩的電話時，整個人像被澆了一盆冰冷的水，讓她在炎炎夏日裡，瞬間從頭到腳結成了冰。往事，一幕幕浮上她的心頭。

生病的時候，她一個人深夜十一點去醫院，拖著高燒的身體，邊流淚邊去攔經過的計程車。

家裡暖氣壞了，她請假在家聯繫師傅過來維修，一個人搬家具，一個人收拾一片狼藉。

戀愛紀念日的時候，桌上的菜涼了再熱，熱完又涼。最後，她一個人趴在沙發上睡著了也沒能等到他回來。

本以為是他工作太忙，卻沒想到，他竟然有大把的時間陪伴另一個人。叮噹提出分手，男朋友慌了神。認錯、保證、發誓，各種戲碼都上了，卻怎麼也換不回她的心。緊接著，各路親戚朋友紛紛登場，都來給他當說客。

「男人嘛，免不了要逢場作戲，可是他的心還在你這啊。」

「他已經知道錯了，不妨原諒這一次。何必苦苦揪住這點不放呢？」

「畢竟是要結婚的對象，這時候分手了，會對父母造成打擊的。」

最後這句話，戳疼了叮噹。她冷笑著反問：「犯錯的人明明是他，為什麼我卻成了傷父母心的那個人？我不原諒，也是一種錯嗎？」

不管誰對誰錯，不管過程如何，似乎只有團圓的結局，才是最讓看戲群眾喜聞樂見的。

所以，你告訴他們你的苦，訴說著你的彷徨無助，你的千瘡百孔，你的粉身碎骨。他們卻只會輕描淡寫的說一句，「做人呢，還是要大度。」

這世上有些東西，過程比結果重要，比如追尋夢想。而有些事情，結果的重要性永遠要超過起因，比如傷害。

幾年後，叮噹和那個男孩都有了各自的生活，卻在兩家公司的一次合作上再次碰面。男孩始終想找機會與叮噹說上幾句話。可叮噹呢，沒有刻意閃躲，也沒有有意迎合，從頭到尾，若無其事，只談工作。又有人跟她說：「都過去這麼多年了，算了吧，何況你現在過得還不錯。」

叮噹無奈表示：怎麼聽著這意思，我今天能過得好，還得感謝他？

的確，狠下心來傷害你的人，當初想的肯定不是給你重生的機會，多半只是為了一己私欲。而措手不及被傷害的一方，第一時間感受到的也只是痛苦。

只有少數幾個好友知道，那時候的叮噹萬念俱灰，加上周圍不明真相的人的閒言碎語，父母和閨蜜只好輪番看著她，生怕她想不開。有一次喝酒喝到酒精中毒進醫院搶救，她自己那條命，又有誰真的關心過呢？

「還恨他嗎？」我問叮噹。

叮噹轉動著手裡的咖啡杯，若有所思。「我也不知道，好像不恨了，又好像……」

人到了一定年齡，都會帶著一點心事，帶著一點難言的痛，然後繼續一如往常地生活下去。

有些傷害真的是無法用一句「對不起」再配一句「沒關係」就可以輕易抹掉的。我不恨你，卻也做不到心無芥蒂、若無其事地親近。

＊＊＊

可樂是個性格直爽，做事風風火火的姑娘，人家的直爽可不是因為沒有EQ。

可樂剛進新公司的時候，主管安排一位老員工負責指導她的工作。可樂是做設計的，頭腦靈活又勤奮，不懂的東西常去請教那位同事。

那位姊姊心情好的時候還能搭理她幾句，心情不好的時候就扯著嗓子說：「這個你現在還不要學，我交給你的事做好就行了！」「這個還需要問嗎，上學沒學嗎？」

可樂覺得畢竟人人都有心情不好的時候，何況剛到新環境，過了實習期才是最重要的。於是，對於同事的不友好，也就只能默默忍受了。

在實習期的最後一個月，公司得到一個非常重要的廣告合作機會，要求設計部每個人出一份設計樣稿。可樂覺得如果這次可以得到主管的認可，那通過實習轉正職的機率會很大。於是，她查閱了很多資料，熬了兩個通宵，雖說最後做出的設計稱不上完美，卻也是充滿了許多新奇的點子。

但是，可樂最後不僅沒有被錄用，還提前結束了實習期。是的，她被開除了。

因為可樂的設計和那位帶她實習的姐姐的設計，有百分之八十相似之處。主管們自然是相信老員工的，同事們更是議論紛紛，「年紀輕輕就抄襲別人的東西怎麼行」「名校畢業也不過如此」等等這類的話，讓自尊心本就很強的可樂感到非常難堪。

可樂沒有為自己解釋什麼，比如交設計稿的當天可樂請了事假，於是提前把設計稿傳給了那位同事，麻煩她代交。可樂覺得即便是說了，也不一定會有人相信。

臨走前，可樂把自己最初的設計樣稿扔在了那位同事的辦公桌上，「你這麼喜歡我的設計，給你好了。」

辦公室頓時寂靜，那位同事的表情也極為尷尬。

脾氣這東西多不得，可是一點沒有，也是萬萬不可的。

在他們那個行業，抄襲可以說是一個設計師致命的汙點，而且在圈內傳播很快。由於這件事，可樂在家待業一年之久。她沒有跟家裡說明情況，在朋友家借住，靠打工維持生活。

「還好現在你遇到了賞識你的老闆，收入可觀。」我拍拍可樂的肩膀。

「哈哈，天不亡我唄。」可樂大笑。

「當時都要離開公司了，幹嘛還要拆穿那個人呢？」

「我可不是什麼得道高僧，我就是一凡夫俗子。如果時間倒回去，我還要再加一句『我不會原諒你』，因為直到今天，那件事對我的影響只是變淡了，並沒有消失。」

在傷害面前，你有權選擇原諒或者不原諒。但無論怎樣，請你記得，只要讓自己的心裡舒服就好。因為不原諒是你的權利，而讓自己活得好，卻是你必須履行的義務。

＊＊＊

決定你能走多遠的，是那些喜歡、愛護你的人，而不是那些曾經試圖給你挖坑絆腳的人。

所以，如果真的要感謝，就感謝自己和那些始終留在你身邊溫暖你的人吧。

現在所有的好，都是你一次次碰壁後的重新嘗試，那些忍在眼眶裡的淚，滑落在後背的汗，蜷縮在被窩裡的一個又一個黑夜，都是你褪下來的結痂。哪怕你確實因為那些事變得堅強，也不是捅刀子人的功勞。

那些緊握雙手陪你爬過低谷的人，冰冷夜裡給你懷抱的人，才是你真正的止痛藥，減輕了你的痛楚，加快了傷口的癒合。

所有的領悟和成長，和如今明晃晃坦蕩蕩的自己，都是你和愛你的人在無數黑暗裡用磨礪換來的。

不要讓傷害你的人成為你心裡的釘子，你可以把他當作路上的一處坑，雖然被絆倒的時候破了皮、流了血，但過了就過了。你可以反思自己為什麼會摔倒，但你不要把他放在心上。

不必去感恩也不必去恨，因為這個世界需要你感念的太多，長長的命運清單裡，容不下傷害過你的人。

畢竟都是江湖兒女，還是快意恩仇的好。

那些迷人的人們，只因心中自有山河

總有人問，女孩子旅行的意義是什麼？似乎從來都沒有標準答案。

＊＊＊

你敢潛入海底零距離拍攝大白鯊嗎？你會在米蘭的街頭騎重型機車大聲唱歌嗎？你能辭掉人人羨慕的工作去山區教育孩子嗎？你會因為崇拜奧黛麗赫本而穿著復古長裙去羅馬街頭發呆整個下午嗎？

以上種種，我很難做到，但我的朋友夏天可以。

大家叫她「折騰小姐」，她回我們：是呀，我就是想把生活折騰成我想要的樣子。

她的微信相簿，可以說是一部環球旅行綜藝節目圖片展。

比如下午她還在北京三里屯一家書店當一名偽文藝青年，可能晚上就在飛往倫敦的飛機上；比如你剛看她在蘇州的某座石橋上發了一句「莊生曉夢迷蝴蝶」，轉眼便在蘭州捧著碗拉麵大快朵頤。她常常與我分享她拍的照片，有南極大陸的活企鵝，東京的童顏美女，聖托里尼的日出……

有很長一段時間，我的手機螢幕保護圖片每隔幾天就換一張。

同學高高結婚的前兩天，夏天正在青海欣賞冰爆，聽說趕不回來參加好朋友婚禮了。可就在大家熱火朝天地為新娘布置房間時，穿著防風衣、揹著雙肩包的夏天突然出現在門口，她的臉上帶著疲態，眼睛裡卻閃著明亮的光。

熱鬧過後，我和夏天坐在落地窗前休息。

「想沒想過把你去過的地方整理成遊記，在網路上分享給和你一樣愛旅行的年輕人？」

「我可不像你們文藝青年什麼都愛記錄下來，我走過的每一個地方，我知道它留在我心裡就好了。」

「可你一個女孩子，總是這樣飄東飄西的，太不安定了。」

夏天突然收起一貫的嬉皮笑臉，語氣淡淡地說：「可是如果不走出去看看，我以為朝九晚五就是全世界。」

夏天順勢靠在我的肩膀上，接著說：「親愛的，你知道嗎？當我看著海水拍打著礁石捲起層層浪花，海和天都望不到頭，那一刻我覺得這世上沒有什麼是不可以原諒的，唯有當下才是最珍貴的。還有去年我在清邁的素帖山祈禱，陽光晒得我身上暖洋洋的，我突然想起你說過的那句『生活中很多美好的東西，都是免費的』，還真不是矯情。」

我大笑，「感謝清邁的陽光為我平反呢。」

「我還想看看雲南的夜空，聽說那裡的星星多得像芝麻撒了下來，再去摸一摸吳哥窟的每一塊石頭。對了，還有東極島的日出日落。」

我突然覺得，夏天和電影《周漁的火車》裡鞏俐飾演的那個角色特別像。在人頭攢動、灰暗髒亂的車廂裡，一次次偏執地越過身邊的男人，將目光投向不可知的路途，決絕又迷人的樣子，讓人難忘。

當夏天親眼看到《吳哥之美》書中所描述的巨大場景，撫摸著盛滿著歷史的輝煌與蒼涼的石頭，她或許會被一種超自然的力量所震撼。或許還會明白，劫難之中，自己的心也可以很柔軟，卻再沒什麼可以傷害她。

＊＊＊

不僅僅是夏天，我相信每一個女孩都是一樣。

當我們看多了美景，遇到了更多的人，聽到了不同的故事，你會發現，這個星球如此美好，這個世界上真的有人正在過著你想要的生活。

新的風景帶給你力量，讓你突然重新認識了自己，甚至改變了一種生活方式，你不再因愛情而痛苦，不再因挫敗而灰心，而是變得勇敢、寬容、平靜、美好。你為自己命運增加多一種可能性的枝叉。

千里迢迢從一個熟悉的人山裡擠到另一個陌生的人海中，我們會發現這個世界充滿著你不能理解的人和事，但又充滿著不可思議的善意和美好。無須刻意去討好誰，你會真心覺得每個人都不容易。

你瞧，我們一路追逐的，除了這世界上美麗的風景，內心平和充盈的狀態以外，還有那些人性當中最閃光的美好品質，以及可供自己回憶的故事。

如果有一天，讓你心動的再也感動不了你，讓你憤怒的再也激怒不了你，讓你悲傷的再也不能讓你流淚，你便會知道時光給了你什麼，也會明白你為生活付出了什麼。在這樣的時刻，出去走走吧。

只有這樣，在我們垂暮之年，才不會覺得生活的記憶如此貧瘠。當有一天回想起那一路的遊歷奔波，能讓你想起的不會是旅行的孤單和漫長，而是波瀾壯闊的海水和天空中閃耀的星光。

曾讀過這樣一段話：所謂活著，那就是大花長裙，是大博物館，是遊吟詩人，是天涯浪子，是街頭作曲家，是榴槤的香味，是赤著腳跪坐在大皇宮禱告的虔誠，是考山路絢爛五彩的夜幕，是格蘭島上的日光浴……

所謂活著，就是遇見一切回憶起來美好的人和事。就像我的朋友夏天一樣，在剛剛更新的照片裡，她頂著一頭銀飾，穿著五顏六色的衣服在青山綠水裡走著，定位是盤古寨。

＊＊＊

對一個女人來說，與珍貴回憶有著同樣分量的事，就是她的眼界。

網路上有個問題一直讓我印象深刻：一個女孩要怎樣才算見過世面？

有人這樣總結：會講究，能將就。能享受最好的，也能承受最壞的。見過世面的她們自然會在人群中散發不一樣的氣質，溫和卻有力量，謙卑卻有內涵。品得了紅酒西餐，也嚥得下路邊麻辣燙，住得了超五星酒店，也睡得了帳篷睡袋。能穿著高跟鞋優雅地穿行於都市，也能揹著幾公斤的單眼相機漫步世界。看透了世界的糟糕後，依然憧憬美好。

在朋友圈子裡有這樣一個故事。茉莉長得清秀，工作踏實，但在人群中算不上起眼。茉莉在香港某個上市公司工作，並且嫁給了一個優秀的老公，很多人都猜想，她一定是手段過人，或者是運氣太好。但其實他們相識在一次旅行中。

當所有人都在往羅浮宮裡面擠的時候，唯獨他倆不慌不忙地站在一旁，兩個人相視一笑，進而相約晚餐。結果越聊越投機，於是結伴而行。

很多人以為，現實裡已經不會再有這樣的故事了，但事實上，人生的很多巧合背後，不只是偶然。在後來的旅途當中，他租的車子拋錨了，他們只能停在路邊。

等待救援的時候，他們聊著彼此旅行中遇到過的最糗事件，都覺得這件事真的不算糟糕。

回來後不久，他就向她表達了求婚的意願。

因為他總是想起那一晚的歡聲笑語，覺得未來的日子即使跌跌撞撞，因為有她，也會變得不那麼苦了吧。

初入社會的時候，時常聽人抱怨，抱怨這個世界的假惡醜，抱怨這個社會沒有詩和遠方。

因為我們沒見過北極光，也不知道基拉韋厄火山的壯觀，不知道只是因為看不到，不代表不存在。不是沒有風景，只是高度不夠。

人生就像一段旅途，最終留下的，只有那些眼界一樣的人。

我們一路走來，留在我們身邊的會越來越少，也越來越重要，你見過天地，見過眾生，才會遇見自己。越來越明白什麼是自己想要的，包括生活和另一半。

你不會再奢望別人來理解你，你唯一需要理解的事情是——你到底想過什麼樣的生活，以及要成為怎樣的自己。

當你想清楚，做完決定，你的人生從此不同。

比如夏天，比如茉莉，比如無數個像她們這樣的女孩，她們有的去做了義工，有的搭車去了歐洲，有的在非洲拍攝動物的照片，她們除了有ABCD的罩杯，她們還有不一樣的大腦和走過不同路的雙腳。她們比大多數人過得更好，是因為她們眼界更寬更廣之後，發現很多事都是可以被放下、被捨棄的。

無論是一份雞肋般的工作、一些令人生氣的話，還是莫名的閒言碎語、莫名的不理解和指責，都不是什麼大不了的事情，都不能阻擋她們走向更好的生活和更好的自己。

一個人的行走範圍，就是他的世界。

任何人都不能定義你是誰，你的氣質裡藏著你讀過的書和你走過的路。到過那麼多城市，遇到過那麼多人，貧瘠的內心世界逐漸變得豐富起來，言談舉止散發出迷人的氣質。你內心的底氣來自於你對自己和對這個世界的熱愛。

你嘴巴那麼毒，心裡一定很苦吧

生活中，我們大概都碰到過這樣的人。你說夢想，他說矯情；你說閱讀，他說假文藝；你說遠方，他說折騰；你說再等等，他說老了誰還要你。

有些話一說出口就是刀子，可是很多人卻偏偏喜歡做拿刀子的人。

＊＊＊

朋友給我講過一個從別處聽來的故事。婷和好友佳佳從小一起長大，能互相訴說祕密，甚至能在對方需要時二話不說匯錢過去。婷一直覺得佳佳是除了父母之外最親密的人。

但是不知道從什麼時候開始，她們之間的感覺不一樣了，每次在一起時婷只要跟佳佳講起自己的事，得到的總是挖苦和打擊。

婷：「我最近去報了一個瑜伽班，想學一下。」

佳佳：「算了吧，你能堅持去幾次而已，新鮮感一過你就不會去了，浪費錢。」

婷：「我想跟他分手了，我們之間有太多差異，感覺不對。」

佳佳：「你怎麼跟小女生一樣還講感覺，再過個幾年，你這樣的性子更難嫁了。」

婷：「公司有一個外派名額，我很想爭取一下。」

佳佳：「你爭取歸爭取，別太當真，你們公司優秀的人那麼多，別到時候落選了又來找我哭訴。」

婷：「我竟然選上了，雖然不是最想去的荷蘭，但是新加坡也不錯，真的太高興了！」

佳佳：「聽說新加坡的立法很嚴，掉個垃圾都要罰款好幾千，你生活習慣這麼隨性，去那邊肯定會覺得不習慣的。」

時間一長，婷越來越不想跟佳佳說起自己的事，因為她覺得佳佳像是一個發電站，發射大功率的負能量。婷常常不知道該拿這個朋友怎麼辦了。

很多人身邊都有這麼一個人，你失落的時候第一個跳出來幫你，你順心的時候又拚命打擊你。

千人千樣，每個人都有自己的故事，每個人都是自己故事裡的主角。不管故事是平淡無奇，還是曲折坎坷，每個人都已經歷不同的故事，或悲傷或幸福。可以不接受別人的生活方式，但是請不要隨意評論。

＊＊＊

這個世界上有很多非常善於發現別人缺點的人，只是每個人用的表達方式不同而已，或挖苦，或批評，或教育，或抱怨，或嘲諷。

尖酸刻薄變得越來越簡單，尤其是在當今的網路上，人們能輕易地找到與自己有焦慮共鳴的人，一句抱怨或者咒罵，馬上會贏得眾人的附和與支持。

可是當人們在鍵盤上發洩完畢回到現實，身邊的一切並沒有發生改變，關閉網頁，生活一切照舊。不，是反而有了更多的焦慮和不滿。因為深陷一個單純發洩批判的環境卻看不到改變的希望，只會更讓人絕望和激進。

其實，刻薄是因為底子薄，而尖酸是因為心裡酸。

相信在那些我們認可、喜愛的人口中，我們很難聽到一句讓人糟心的話，他們能夠用慈悲心和包容心去對待別人，懂得語言有能量也有殺傷力，懂得不以自己的角度去單方面的看待問題，懂得學會欣賞和悲憫，學會善待他人。

每個人因立場不同、所處環境不同，很難真正明白對方心中真實的感受。別人有著怎樣的生活，走什麼樣的道路，旁人怎麼會真正瞭解。

如果沒有按別人生活的路徑走過一遍，其實根本無法理解別人現在的行為，所以當你準備吐槽、準備翻白眼表示不屑、準備批評打架的時候，請收起你的衝動，呈上你的善良，因為刻薄的話太有殺傷力。

不同成長背景和不同生活軌跡的人之間，有一種最好的相處狀態，是我們偶爾一起談談理想，我雖然不懂你，但我尊重你。

由嫉妒衍生出的敵意，其實是掩飾自己的無能

許多美好的事物，在一些人眼裡，反而變成了不合理的存在。

＊＊＊

週末得閒，翻看了微信裡的群聊對話，在幾百則的聊天記錄中，有這樣兩句簡單的對話。

「你知道嗎？XX去峇里島度假了，還秀了照片呢。」

「看見了，景色和我們這也差不多，不知道有什麼好炫耀的。」

放下手機，我想起在網路上看到過的一件事。

小艾喜歡了很久的樂團要開音樂會，由於錯過了訂票時間，連普通位置都沒有票了。為此，只能發微博求助，想看看有沒有誰買了票不能去想要轉讓的。

第二天早上起來，小艾看見微博裡多了回覆。原本一陣欣喜，卻有幾則留言格外刺眼。「你們有錢人就是喜歡裝風雅」「呵呵，有這個錢做什麼不好啊」「真是矯情，呵

呵」「這些音樂會不知道比網路歌曲高尚到哪裡去了」。

票沒買到，卻收到了一大堆吐槽。小艾坐在電腦前感到莫名其妙、哭笑不得。

一個女生若是和別人說自己喜歡吃料理，熱愛繪畫，喜歡旅行，那她極有可能被貼上「享樂」「矯情」「做作」的標籤。反之，如果一個女生說自己喜歡吃路邊攤，熱衷串烤和麻辣燙，就會被認為是真性情。

不知道從什麼時候開始，粗俗的人嘲笑精緻的食物，平庸無奇的人否認讀博士的價值，不好好剪指甲的人吐槽愛整潔的人事多，說髒話不是沒教養沒禮貌，反而是直爽。

有位網友曾在網路上說過，為什麼有人能容忍自己在穿越小說和網路歌曲中不能自拔，卻不能接受另外一個人喜歡外國文學和鋼琴曲。他們相信地溝油火鍋最美味，嘲笑吃高級料理的人窮講究，根本不能理解就餐體驗也是身心愉悅的一部分。

好像只要他們所不能接觸到的、尚未嘗試過的事情，都是偽善和做作的。他們無法理解別人為什麼會在聽蕭邦的時候潸然淚下，也不能理解經典文學對於內心的深遠影響。

我能理解這位網友的憤懣。其實很多熱愛和興趣，是沒辦法解釋的，是完全出自於內心的喜愛，而非裝腔作勢。

人可以選擇粗俗的生活方式，但不應該嘲笑比自己活得細緻的人。

＊＊＊

記得上大三那年，我們為一個即將畢業的大四學長餞行。聚餐期間，有人打趣問學長有沒有女朋友，學長一臉無奈，表示找不到女朋友。但其實我們都知道，學長成績優異，顏值頗高，在他身邊的女孩子從來不會少。

很久以後，再次聽到這個學長的消息時，是他要結婚了。據說對方是一位海外歸國女神，熟悉四種外語，從小學習大提琴和芭蕾。現在想想，學長的父母是科學研究教授，成績優異的他畢業後在大學任教，擅長鋼琴、籃球，熱愛天文學。六塊腹肌和一百八十公分的身高更為他的人生加分不少。這種高品質男神確實應該找到與之相配的女神，才不會有違和感。

我們為什麼在聽到學長說「找不到女朋友」時暗自認為他在炫耀？還不是因為我們太low。

對於大多數平庸的人來說，好像根本就沒有認識女神的機會。我們對他的抱怨，原因不是人家愛炫，而是因為我們太弱。

很多人在乎的不是別人有什麼，而是跟別人比，自己沒有什麼。他們評定一個人是否在炫耀不是根據內容本身，而是根據對所擁有東西的稀缺程度。

由憤怒衍生出來的敵意，其實是討厭自己不曾擁有。

＊＊＊

親愛的女孩，當你鄙視手挽愛馬仕包包的女孩時，當你嘲弄星巴克咖啡沒有白開水解渴時，甚至因為憤懣憋出內傷出醜的時候，倒不如好好利用這股黑暗能量，刺激自己工作更努力，學習更刻苦，化妝更仔細，減肥更起勁。

因為這樣，你才能逃離無休止的形象欠佳、智力低下、財富輾軋等帶來的折磨和精神壓迫。

當你足夠強大的時候，是很難被冒犯到的。那些曾經刺激到你自尊心，被你認為是炫耀的東西，已經變成家常便飯甚至不屑一顧的平常物。當年讓你心靈激盪的東西，已經不會重新納入你的眼界。

唯有開拓自己的眼界和見識，才能更有可能過上一種更高品質的物質與精神生活。從容，從來不是一種刻意做出來的狀態，而是一種以實力為支撐，自然呈現的姿態。

生活裡面不缺少美，缺少的是發現美的眼睛，更缺少的是接觸到美的本領。

不是我們自幼期待和追求的純真、善良、恬淡不存在了，而是我們有時候實力太弱、程度太渣、層次太低，只能在一個充滿愚蠢、疲勞、虛偽、醜惡的低層次爛環境中掙扎。

當你沒有站在更高的地方，你就不會看到那更遠地方的風景，不會明白更多已然合理的人生。

未來的某一天，當你走過了更多的路，見過了更多的山水，認識了更多的人，你就會明白，原來你所有自以為是的固執和偏見，都只是因為你沒有達到那個層次。

從今天起，當你工作疲了、跑步累了、應酬煩了，請在心底跟自己說：放下自以為是的偏見和固執吧，為了你無數次嚮往的生活，再堅持一下，再努力一把。

承認並相信美好生活的存在性，是我們打拚美好生活的前提。

等你以後噴得起香奈兒五號香水，住得起高樓洋房，那麼喝杯藍山咖啡，買個限量款的包包，真的是再平常不過的事情，就像如今我們喝瓶礦泉水，吃個路邊攤，買雙帆布鞋一樣，只是在過一種最順手隨心的生活，是生活的常態。

請你相信，這個世界上一定有人過著你想要的生活。世界有太多美好，值得你為之努力。

會燒菜，也是一種別樣的才情

錢能解決的，只是最簡單的生存需要，卻解決不了更高層次的生活品質。

＊＊＊

每週和爸媽通電話，電話那頭除了噓寒問暖，每次必提的就是：「有空要學著做菜。」

「嗯嗯嗯」，雖然嘴上答應著，卻沒有半點開伙的欲望。直到菜菜來我家小住那次，我才終於理解了什麼是「好好吃飯」。

剛來那天，菜菜問我怎麼吃飯？「外賣唄」，我脫口而出。

一頓外賣吃完，我覺得味道不錯，分量也能吃飽。菜菜卻無法忍受：「明天我給你做飯吃吧。」

風風火火準備好食材，菜菜瞬間變身大廚，炒起菜來有模有樣。外人很難想到一副假小子外表下的菜菜居然這麼會做飯。

抽油煙機嗡嗡地響著，整個廚房就連客廳都飄滿了香味。耳邊是刀剁在砧板上的聲音，薑蒜在油鍋裡被爆香的聲音，食材入鍋水油接觸發出的聲音。有三個字突然蹦進我的腦子：煙火氣[1]。

廚藝不精的我把淘米煮飯的事攬了過來。菜菜一邊扔辣椒段下鍋，一邊嘟囔著：「都說你們文藝青年講究生活質感，你吃外賣怎麼能叫生活，頂多是湊合。」

此後的幾天，從簡單的青椒炒馬鈴薯、雞蛋麵，到家庭版麻辣香鍋、鐵鍋燉魚。因為菜菜，每次坐在飯桌前拿起筷子的那一刻，都像是回到了家，和爸媽一起生活的家。

記得前年，菜菜生了重病住院，幾次化療下來，頭髮掉了不少，吃什麼吐什麼。每次我去醫院看她都忍不住哭出來，反倒是她來寬慰我：「好啦好啦，別傷心，這世界上還有那麼多好吃的東西我沒有吃過，捨不得死的。」

直到今天，菜菜同學的個性簽名檔上仍是那八個大字：人生幾何，對肉當吃。這種吃貨精神以及吃遍天下美食的願望，讓她時刻看上去都是那麼樂觀陽光。

你為生活多花了一點點小心思，生活也會變得鮮活有趣起來。這其中滲入的趣味性，比美食本身的味道更讓人感到欣喜。

我也是在那段時日，突然領悟到，除卻詩和遠方，生活中更多的還是眼前的苟且，比如，吃飯這件小事。

1 編註：指烹煮食物的氣味。

到了一個新地方，有人愛逛百貨公司，有人愛逛書店，有人卻愛逛逛菜市場。看看生雞活鴨、新鮮水靈的瓜菜、彤紅的辣椒，熱熱鬧鬧，挨挨擠擠，讓人感到一種生之樂趣。

有滋味的生活，從來不是逃避柴米油鹽，去追逐遠方，而是有能力也有心，去將眼前的苟且過出遠方和詩的味道。

＊＊＊

認識一位智商情商都超高的學長，學天體物理，迷妹無數，教科書級閃耀。他鮮少發文，只是偶爾轉發一些行業時訊，或者別人看不懂的方程式，非專業人士看他的發文像是打啞謎，看戲群眾基本插不上話，連搭訕都找不到切入話題。

這個在我們看來像「神」一樣的人，有一天突然公布自己戀愛了，並且十分甜蜜。我們紛紛猜想，能融化這種科學怪人的姑娘，不是高智商的女學霸就是網紅級別的仙女。

可上個月去他家作客，站在我們面前的，是一位看上去非常普通的女孩，長髮披肩齊瀏海，格子圍裙將她襯托得更加小女人。這女孩在廚房做飯，時不時叫學長進去幫忙，兩個人連切根胡蘿蔔都是有說有笑。

後來學長告訴我們，他們是在女孩搬進新宿舍那天認識的，當天這女孩就買齊了各種炊具。為感謝學長幫她搬東西，她在宿舍簡單做了幾個家常菜招待學長。吃飯期間，音箱裡放著這女孩愛聽的流行音樂，飯後還準備了一些水果，切好了放在小盤子裡。她對食物的色香味要求也比較高，選擇的碗和小碟子都十分清新文藝。

學長說，從前下班後他還會加班幾個小時，因為回到家也是一個人，在哪裡吃外賣都是一樣，直到遇見這女孩，他開始每天期待下班回家推開門的那一刻，廚房裡傳出炒菜的聲音和香氣，昨天是可樂栗子排骨，今天是醬燜蓑衣茄子。

一蔬一飯，看似尋常，卻讓他更加留心生活的細節，將他從不接地氣的工作中抽離，給了他煙火人間的平淡美好和溫暖踏實。

有人能陪你天南地北，但是鮮有人能為你下廚燒菜。愛情，是精神的愉悅和享受，但愛情也需要煙火氣息，因為相愛的人都是凡人。

＊＊＊

每個人的生活都是相似的，平凡和常規把大部分的時光都填滿，沒有什麼值得慶祝的宴會可以日復一日，也沒有豐盛餐點可以天天享用。

而我們感知生活的方式，不外乎就是忙碌工作中的一日三餐，和偶爾放縱時的宵夜。好吃的味道會帶有令人興奮的舌尖觸感，無論是剛出爐麵包散發出甜膩，還是冰淇淋甜筒入口一剎那的冰冷刺激，總能讓冰涼無力的心立刻充盈甜蜜起來。

食物不會說話，可是當我們看見羊肉片和蝦滑在火鍋裡和諧共處、半熟的蛋黃流淌在勁道的拉麵上、披薩上的醇厚起司被拉得很長……我們彷彿可以聽見它們在說：快吃掉我，然後忘掉所有的不快樂。

如今各種訂餐美食 App 不斷出現，各種餐館也不斷應時而開，下廚似乎成了很多女孩都畏懼也不願去做的一件事情。

但其實，會做飯燒菜的確是一種別樣的才情。在供你轉身的幾坪裡，鍋中的小泡泡翻騰起來，澆汁裡的花椒是你精挑細選的綠色藤椒，雞蛋在熱鍋裡炒得碎碎的，你捏起一小撮孜然撒在了上面。當熱氣和香甜撲在你臉上的那一刻，這一天所有的不如意都會被蒸發掉。好像一下子，人生又有了值得期待和高興的事。

我們常聽人說身體和頭腦要有一個在路上，那麼心和胃是不是至少要有一個是滿的。

不論是燒菜給自己還是伴侶，能在自己創造出的味道裡休憩靈魂，那漫長的人生時光，一定不會那麼難熬。

CHAPTER 2

沒有誰的人生段位，是由顏值決定的

那些水光針、瘦臉針都不能真正地將你凍齡，「美女」和「女神」之間又何止幾張面膜的距離。只有擁有一顆對世界充滿好奇、自信又倔強的心臟，才會讓你從內而外散發出光芒，那並非來自歲月的眷顧，而是你內心底蘊的厚度。

你羨慕的人，或許也正在羨慕你

你現在所經歷的一切，都是你曾經為自己鋪好的路。

＊＊＊

蓁子的人生對於我來說，就是小時候讀過童話故事，一切看似不切實際的美好在她的身上都真實上演。

碩士畢業後，蓁子結束了長達七年的愛情長跑，與帥氣多金的男友步入了婚姻殿堂，去年年末生了一雙可人的兒女。

姊妹們在一起聊天時，個個都難掩對蓁子的羨慕，感覺她的人生好像開了外掛一樣，所有的好事都落到了她的頭上。

因為我工作忙，她升級當媽媽後照顧孩子，在她寶寶滿月之後我們之間的聯絡就變少了。有天凌晨，我剛整理完工作，忽然收到她的微信：你睡了嗎，我起來餵奶，翻了一會兒你的朋友圈，特別想給你發個訊息。我挺羨慕你的，因為你過著我嚮往的那種生活。

看到她的訊息，我毫不猶豫地回了過去：嘿，我還羨慕你呢。

蓁子和我是高中同學，不僅長得漂亮，鋼琴舞蹈、游泳滑冰每一樣她都做得很好，常有隔壁班的男同學透過我給蓁子遞情書。其實從那時候起，我就開始羨慕她了，羨慕她身材高挑，腦子聰慧，羨慕她所擁有的一切。

大學入學考那年，她因為成績優異被保送到了重點大學，即便是這樣，她仍每到週末的時候參加各種培訓班，自習到深夜也是常有的事。而我們呢，正在為一道道難解的函數題和大段的政治論述題而苦惱。

那時候的我，只看到她擁有了很多我沒有的東西。

那次互動之後，我們約了一次下午茶。曾經的學霸校花坐在我的對面，輕拍著嬰兒車裡的孩子，她不施粉黛，素面朝天，隱約還能看得出當年女神的模樣，也或許是年少時留在我心裡的模樣。

我們聊著過去讀書時的糗事和彼此的近況。是的，這個開著豪車、出門有保姆陪著、不工作也有不限額度的信用卡可以使用的女人，這個有老公愛護、兒女雙全、讓我羨慕的女人告訴我，這並不是她想要的生活。

孩子出生後，她便辭掉了工作。她每天的生活，就只有家和兩個孩子，幾乎沒有自己的私人空間，更別說高材生的用武之地了。

雖然在我學不好函數的年紀，她已經獲得了全國奧林匹克數學競賽的冠軍，可如今的她過得並不快樂。

我們的小聚在寶寶的哭鬧聲中提前結束了。她上車後搖下車窗跟我說：「你一定要一直寫下去，就算是在低谷也別放棄。我真的很羡慕你。」

車子漸漸消失在夜色裡，連同這個在我看來生活在童話故事裡的蓁子。

回到家後，腦子裡反覆迴響著蓁子那句「我真的很羡慕你」。

羡慕我一個人生活的自由嗎？那是我失去了很多陪伴父母的機會換來的。

羡慕我活得很像自己嗎？只有我自己知道一個人在家整夜失眠，天漸漸亮了才睡覺是什麼感覺。

事物永遠都有凹凸兩面。你所得到的，都是你失去的東西在為此支撐著。

＊＊＊

相比於蓁子這種全職主婦，悠悠可謂是事業型女人。

悠悠常年工作在新加坡，時常會在朋友圈裡看到她秀各種旅行的照片，旁人看來各種羡慕嫉妒恨。

直到國慶假期她放假回來我們聚會，聊起生活，才知道不論哪種人生，都是冷暖自知。

悠悠說當年抱著對海外生活的美好憧憬，才去學習了對外漢語教學，覺得國外的空氣就是比國內的新鮮，覺得如果不能出國看看，那真是人生的缺憾。

那時候大家都認為在新加坡當老師是份很好很體面的工作，她自己也覺得很不錯。可如今在海外生活了四年整，風光之下，她有太多的苦笑無人能懂。

很多朋友只看到悠悠朋友圈裡都是旅遊、美食的照片，評論清一色都是「真羡慕你」。其實對於悠悠來說，生活中除了風景，幾乎沒有什麼可以分享。

因為工作壓力大，家人又不在身邊，她拚命工作的唯一期待就是旅遊。她從前也羡慕別人在國外讀書工作，可經歷了才知道其中的滋味，否則在自己腦海裡存在的只有羡慕和美好。

如果現在有人諮詢悠悠關於出國的問題，她都不知道該如何提建議。因為她知道光鮮的背後，有著無法與人言明的孤獨。

悠悠說她慢慢開始理解很多以前不能理解的故事。

開始明白在金融街工作的學長，為什麼會說厭倦了西裝革履和燈紅酒綠；開始明白每天出入高級辦公大樓的同學為什麼跑去夢想已久的南美洲；開始明白在銀行有著高薪收入的好友為什麼辭掉工作繼續進修學位……

只有在經歷了之後我們才明白，每一個人不過都是在追求對自己來說有意義的人生。所以，還要去羡慕別人的人生嗎？

你可以選擇你自己想要的生活，也可以創造自己想要的精彩生活。不要生活在對別人生活的憧憬裡，要生活在自己的內心中。

＊＊＊

我們的理所當然，也是別人的遙不可及，就像悠悠生活在那個只有夏季的國家，拚命想念我們所擁有的理所當然的四季分明。

無論是生活無憂的貌美主婦，還是光鮮亮麗的高薪女強人，其實都不用去羨慕她們的生活。

生活從來都離不開酸甜苦辣，每個人都會鮮為人知的一面。當你在羨慕旁邊的大樹高大茂密的時候，大樹可能卻在羨慕你不像它那樣孤獨。

好好規劃自己的生活，專注於把自己的生活過成自己想要的模樣，珍惜身邊的每一份美好。

即便過得平凡而寧靜，也會有人正在羨慕著你，甚至這裡邊，那些你羨慕著的人也在羨慕你。

如果沒有背景，就去成為自己的背景

誰不想賺很多的錢，買心儀的東西，撩最帥的男神，過最自由的生活，可別人的經驗說得再好聽，也不是幾句心靈雞湯就可以為你指點人生的。

***

我認識七七的時候，她才上大學一年級。

大部分的同學剛進大學時都在慶祝自己剛剛逃脫了高中的牢籠，享受著無人管束的自由。可七七不是，不僅進入到學生會和廣播站，還報班學習電腦和英文。

她問我：「學姊，我沒有任何背景，該怎麼辦？」我明白她的焦慮。

我們這些所謂的「小城市女孩」，帶著滿心歡喜和憧憬走進大學，卻發現這個世界不僅和我們想像的根本不一樣，而且離我們很遠。普通、自卑、甚至懦弱。別人說起出國旅行的情形，自己根本插不上嘴。

似乎長這麼大都沒有過什麼優越感，光讓自己不自卑就已經用盡全力。

有同學問七七：「你這包挺好看，什麼牌子的？」

七七說：「網路上買來的，不到兩百塊人民幣，你要連結嗎？」

同學尷尬笑笑：「這麼便宜的包你也敢揹呀？」

七七低下頭，不說話。這種因為穿著廉價和沒見過世面的窘迫，她不知經歷了多少回。

我們驚慌失措，因為對二十幾歲的女孩來說，試卷上的高分已經不能再證明什麼，可我們又遲遲找不到其他方式來證明自己。

我們迷茫困惑，完全不像那些好命的女孩，只要穿上質地舒適的連衣裙，畫上精緻的淡妝，便輕而易舉就能贏得我們拚盡全力也未必能得到的一切。

我們擔心沒有背景，就沒有存在感。沒有背景，好像就失去了在這個殘酷世界上安身立命的資本，於是惴惴不安。

長她幾歲的我並沒有太多有價值又切實可行的經驗分享給她，於是只好跟她說：如果不知道該怎麼辦，那就多讀書，多實踐，多去彌補自己的不足。

有句話說得好：好刷的是高分成績，難刷的是自信心和存在感。

在室友都還沒起床的時候，她就抱著書去操場背單字和課文。她發音不標準，但還是一直堅持參加英語口語練習的活動，用蹩腳的口語和幾個留學生交流。

為了克服性格上的怯懦，她逼著自己參加演講比賽，在體育課休息的空隙，她站在前面表示希望大家可以聽她的演講。雖然很多人表示不理解，卻也一次次見證了她從聲音發抖到從容自信。後來她在幾次演講比賽中都拿過不錯名次，更代表學校參加過辯論賽。

七七畢業那年，我已經工作。

她把簡歷發給我，希望我給她點意見。校內廣播記者聘書、社團團長、外商企業實習、多益高分成績、還有交換留學生的學習經歷，以及各種比賽證書。她可以選擇讀研究所繼續進修，可以選擇繼續留在實習的那個外商公司，當然還可以選一份全新的工作。

「你現在這麼棒，哪還需要我給你意見。」

「姊，我正在準備雅思，希望在明年可以考下來。」

「還會擔心自己沒有背景嗎？」

她笑了笑：「不會了，雖然沒有背景，但現在我已經可以成為自己的背景了。」

隔著電腦螢幕，我也可以感受到如今的七七再也不是當年那個怯懦的小學妹，而是滿懷信心準備進入職場的女青年。帶給她底氣的不是別的，是她知道自己具備了實力，以及知道自己要去哪裡。

認識七七的人只會輕巧地說一聲「她變得更好了」，卻不知道她為了「變得更好」付出了多少旁人無法體會的努力。從自卑到坦然接受，再到為自己建立自信，這條路她走了整整五年。很多人說寒門更難出貴子，七七也知道很難很難，可幸好她從來沒放棄。

所有的堅持，如鋼筋水泥聚成塔般，堅固了她的內心。她流了那麼多的汗水和淚水，換來幾技之長傍身，於是她不再怕刷不出自己的存在感。

後來，七七到美國參加了一個青年夏令營。

她與我視訊時高舉著手機，「姊你看，紐約的夜景好美，和我們在電影裡看到的一模一樣。」

流光溢彩的夜色和她的笑臉在那一刻都顯得格外美好。

每當有小女孩說覺得自己無所依靠的時候，我都很想把七七的故事講給她聽。只是這樣的故事或許講起來只需要幾分鐘，但別人的人生終歸是別人的。

我知道逆襲一點都不容易，但請你相信，逆襲之後的你，有資格嘗嘗自己所賺來的甜頭，發現自己真的可以成為更好的人。

你過得不好，不是那些過得好的人害的

那些過得比我們好的人，除了家境優渥這一點外，也一定還有你未曾察覺到的過人之處。

＊＊＊

兔子在清晨發來一則超長的微信，說她整夜未眠，覺得自己對這世間的情誼真假產生了懷疑，認為付出就會有回報的邏輯，不過是騙人的。

觸發她情緒低落的原因是她前幾天參加了大學室友一個婚禮。在室友盛大而奢華的婚禮上，兔子絲毫沒有為姊妹而感到高興，反而心裡很不是滋味，甚至冒出來一個可怕的念頭，她憑什麼能嫁得這麼好？

兔子家境貧困，靠著不錯的成績在學校拿助學金。因為起點低，兔子比同齡人都要努力，而這位室友家境優越，長相頗有幾分姿色，在大學期間似乎都在忙著打扮、旅遊、社交，每次期末考試都要向兔子借筆記惡補，才能免於被當。

畢業後，兔子在公司勤勤懇懇，任勞任怨，卻一次次與升職失之交臂。為了在這座城市扎根，兔子一直省吃儉用，衣服幾乎都是從網路上買來，偶爾對自己最奢侈的犒賞也不過是買一支甜筒。

儘管如此，買一戶十八坪的小窩對於兔子來說仍然遙不可及。而她的室友，只是因為嫁得好，就在這座城市安了家。

我問兔子，你的室友當真是整天遊手好閒，什麼正事都沒做的富家女嗎？

她沉默了一會兒說，也不是，她很會妝扮、會穿、會玩。她不喜歡專業課，但是經常全國各地的參觀博物館，還經常拿剪刀改衣服，參加服裝比賽。

自己的失敗固然難堪，朋友的成功更讓你不安，人人都會嫉妒，但不是人人都會控制嫉妒。你無法迴避，那就去正視，擺正心態。

不是每一個人只要得到一個認識有錢人的機會就可以一朝翻身的。

這個世界的生存規則就是這麼殘酷，出生的那一刻，就決定了人與人之間的差距。

面對與生俱來的資源分配不均，第一步你就要學會接納。而且，如果你過得不夠好，那也不是比你過得好的人害的。

＊＊＊

實習的時候，認識了資訊部的豆包。這女孩和我一樣是實習助理，薪水很低。豆包每個季節標準三套衣服，每套不到三百塊人民幣，並且與人合租，自帶午餐到公司。

在她這樣精打細算下，存下一點錢來，她花錢的去處只有兩個，一是報最貴的英語培訓班，另一項便是把錢花在健身上。

她毫不掩飾自己的想法，以後要嫁個有顏有才的老公，生個酷萌的寶寶。當時公司很多人說她異想天開妄想攀高枝。她不在意別人對她的議論，在她的心裡只有學習和健身這兩件事。

後來，她終於嫁給了一個心儀的男人，更難得的是那個男人十分欣賞她，說她身上有當今很多女孩都沒有的陽光與熱忱。

任何事情都有它的回報週期，你走的每一步，都是用不同的方式締造著不同的你，你現在所做的每一點努力，都會在不久的將來產生影響。

＊＊＊

當你看到那些同齡的朋友開上一部嶄新的跑車，而你只能在加班後的夜色裡獨自等待著公車，回到破舊的租屋裡入眠。請相信我完全可以體會到這是一種多麼令人難過、羞辱的落差感，我從很多同樣艱難的時刻走過來，也親自看著生活一點點變好。

這個世界的資源分配法則向我們展示了一個確鑿的現實，血統與運氣面前，並不是人人平等。

我理解你會感慨人的命運是何等的欺人太甚，也會不知前路茫茫，哪裡才有機會可以通向美好。

可是你才二十幾歲，一窮二白有什麼關係，穿廉價的衣服，等擁擠的公車，租不起高級公寓也吃不起精緻的西餐又能怎麼樣？你根本不需要因為自己如今的艱難和別人的嘲諷而介意，因為總有一天，你會依靠自己，成全自己的夢想。

每個人的出廠設置不一樣，要面對的人生也截然不同。只要活著就應拚盡全力，不斷優於過去的自己。

運氣不能支撐你一輩子，但堅信努力的意義可以使我們一輩子都有好運氣。

人們喜歡你萌萌的，但不喜歡你傻

對於女孩子來說，能擁有一張人畜無害的臉蛋確實是一把天生利器。適當地賣萌，可以搞定很多男孩子難以搞定的小麻煩。但是如果不分場合地賣萌，那簡直就是傻。

＊＊＊

和Nancy週末聚會時，她向我講起一件事。

上個月她們公司約了合作公司的負責人開會。兩方人員在會議室正襟危坐，討論著合作方案的一些細節。當對方問到是否可以馬上簽署合約的時候，Nancy表示需要回去上報給老闆後等待批覆，不過不巧，老闆有點要緊的事，今天出差了。

Nancy話音還未落，一起來參加會議的同事乾脆打斷她，然後一本正經地糾正不是出差了，是昨晚和朋友聚會玩到太晚，今早沒有來公司呢。

Nancy當時就僵了，臉上寫滿「嚇傻」兩字。對方負責人也是面面相覷，面露不悅，導致氣氛十分尷尬。Nancy為了緩和氣氛，主動提出與對方人員共進午餐。

Nancy 一臉無語地說：「我扭頭看那女孩的時候，她居然還向我吐了一下舌頭。我當時感覺有一萬頭草泥馬從我心頭奔騰而過。」

我笑道：「年紀尚小，許多事還得慢慢教。你以為誰都和你一樣智商情商兼備，能力過人啊。」

Nancy 繼續憤憤不平，刀叉在餐盤上戳出聲響。「作為這個專案的負責人，我當然知道老闆並沒有出差。但不想讓對方覺得我們對本次合作不重視。更何況老闆朋友聚會是私事，沒必要家長裡短一五一十地告知外人。我真是搞不懂，那女孩粗暴地打斷我，然後又若無其事地賣萌到底是何緣由。」

說實話，我也很怕身邊這樣所謂心直口快的人，他們說話做事往往直截了當得讓你無法應對。

真性情是好事，與這樣的人在一起不用刻意防備，會很放鬆。但它的前提是，不能因此而傷害別人，置別人於尷尬的境地，需要知道怎麼合理的表達，做到最起碼的尊重。

＊＊＊

這讓我想起大學時一個學妹。

期末的時候社團照例聚餐，小爽是新一批進入社團的。服務員把菜單遞給一位學長，學長又遞給小爽，說：「讓咱們小學妹先點餐吧。」

結果，她把一桌人的菜都點了，點完也沒問我們有沒有忌口。菜上來後，發現每個菜都是辣的。正在口腔潰瘍的我幾乎沒吃什麼，小爽眨著無辜的大眼睛說：「原來學姊你不吃辣的哦？」

回去的路上，她問我：「學姊，我是不是情商低得沒救了，什麼才是高情商呢？」

「要真的在心裡裝著別人，不要假裝，不然就變成了奸詐狡猾了。」我說。

「可我就是個很自私的人啊。」她微微噘起小嘴，讓人生氣，又不忍責怪。

「那就再任性幾年吧，以後總會慢慢學會的。」我笑笑。

我想等到真有一天，她情場失意或者職場失足，覺得高情商跟吃飯一樣重要的時候，或許她會想起有個人曾告訴她，情商高，其實就是心裡裝著別人。

記得在報社實習的時候，組長讓一位新人編輯一期採訪內容，並提出了詳細要求和執行標準。大概是平時我們兩個人接觸比較多，更熟悉一些，這女孩幾乎每隔幾分鐘就在通訊軟體敲我一下，然後問我這小段這樣寫合不合適？那小段語句是否通順？在每個問題的後面，還不忘發一個萌萌的表情貼圖。可在萌萌的表情後面，我看到的卻是一個大寫的「傻」字。

如果我一段一段幫你編輯好，那你從中又能學習和獲得什麼呢？組長讓你做的目的是希望你利用你的想法嘗試完成工作。如果做錯了，也沒關係，誰不是從菜鳥成長起來的呢？但是這樣完全不加思考，而是一步一問，也真夠讓人糟心的。

職場就是職場，它是適者生存的叢林，不是象牙塔。在生活中，你打不開一瓶礦泉水，修不好一台電腦，賣個萌尋求幫助，人們會覺得你是一個可愛的小妹子。但是在職場上如此賣萌賣呆，只會讓人們覺得你是一個扶不起來的笨蛋。

在我們念書的時候，我們只聽到「智商」這個詞，成績好便可以自帶光環。於是我們以為，只要學好數理化就真能暢通無阻地走遍全天下，以為大學入學考是我們唯一的出路，讀一所好大學就意味著有一個光明美好的未來在等著自己。

步入大學才發現，就算你成績好到每年都可以拿獎學金，也可能被室友排斥，討不到班導師的歡心，在社團裡不受重視，談不好戀愛，永遠扮演那個氣氛終結者。是室友們個個都是奇葩，只有你一個人正常嗎？是社團學長學姊沒有慧眼看不到你這顆金子嗎？分手的原因是總遇不到對的人嗎？

當這些問題擺在你面前時，若是把過錯都推給別人，你或許可以得到自我安慰，但永遠不會成長。

＊＊＊

在一次活動上，我遇到過一個能力和外貌都十分出眾的主持人，一百七十五公分的身高。

在活動結束大家合影的時候，我注意到她微微地彎了腿，然後她輕聲叮囑攝影師「照上半身就好」。動作微小，甚至被忽略，卻讓人感覺特別舒服。整張照片出來後，她在裡面一點也不突出。

每個人的個性中都有殘缺的部分，而有些人懂得改正和控制。避免自己的言行傷到人，也能幫你抵擋很多來自這個世界的惡意。

對於真正高情商的人來說，心裡裝著他人，就像清水流過河床，河床邊的一切都被自然而然地照料過了，而不是用到別人的時候，才刻意噓寒問暖。

我們從書本裡走出來，走到接地氣的世俗裡，才會明白，一切歸根究底不過是人情的往來。

在合適的場合恰如其分地賣萌，真心是件和情商分不開的事。真正的情商，不是把賣萌當作資本去省時省力地尋求幫助，也不是公主病發作狂刷存在感，而是在獲得讚賞時適當的謙虛，是在嚴肅場合時認真謹慎，然後把賣萌作為自身一點點的附加價值，而不是最大價值。

畢竟，無論是職場還是生活，大家喜歡的是一個高情商的萌妹子，而不是一個不分場合到處賣萌賣呆的傻女孩。

你的問題不是胖，而是對胖的自卑

「呀，你怎麼胖了。」我保證，這是所有女孩子最討厭的話，沒有之一。在這個以瘦為美的普遍價值觀的社會裡，不管是別人異樣的眼光，還是面對著鏡子裡肥胖身軀時那種揮之不去的厭惡，都讓自卑這一小火苗越燒越旺。

＊＊＊

記得上次與小北約在中餐館見面時，向來無肉不歡的她居然要了白灼菜心，說正在減肥，於是我們吃得點到為止，連話題都變得不夠重口味。

昨天小北約我在一家新開的韓國烤肉店見面，我滿心歡喜地赴約。誰知她一邊翻騰著烤盤上滋滋冒油的五花肉，一邊仍唸唸有詞地喊著減肥。

「最近在忙什麼？」我打斷她。

她說換了新工作後，想考個專業證照。前陣子和同學一起投資了一家奶茶店，業餘時間要去店裡照看生意。偶爾的空閒時間，就用來惡補英文。

「真不錯，好充實。」

「是啊，可是我就是減不下肥來。現在每天這麼累，總是惦記吃點高熱量的東西填充自己。」

她一邊吃著沾著湯汁的肉一邊自責不已，那皺眉的樣子又沮喪又挫敗。這一刻，她不再是那個三頭六臂有夢可追的女超人，只是一個認為自己是個克服不了肥肉的沒出息的小胖子。她的樣子彷彿在說：我減不下肥，我有罪。

我心裡一陣難過，活得那麼帶勁的小北，身上多出來的那點肉都沒有壓垮她的上進心，卻壓癟了她的快樂和自信。

傷害我們的從來不是事情本身，而是我們對事情的看法。

＊＊＊

關於如何對待胖這件事，有兩個故事我想分享。同學聚會時，讓大家印象最深的不是那些事業有成的佼佼者，而是兩個發胖的女同學。

兩個當年小腰不盈一握，小臉顧盼生姿的女孩，尺碼從S直飆到XXL，兩個美貌小妞已然成了兩個圓球。

有人揶揄女孩A胖時，她回應說：「我也不想胖，可是這段時間忙，每天壓力蠻大，唯一的空閒就是晚飯時間。跟我們家先生一起在小吃攤前伸長脖子，關心香菜和起司，指點蔥花和辣椒。然後再不知足地買一杯熱量爆表的奶茶，咕嚕嚕吸一路。偶爾回婆婆家，又是一桌好吃的等著，要是不吃，顯得多不尊重長輩。」

胖對於她來說，是生活的恩賞，是被家人寵愛的明證。她胖得很安心，不再被「外形」牽著走，她覺得能和愛的人世俗地活著，也夠開心的，管他脂肪幾斤幾兩呢。

另一位胖女孩在上學時大家愛叫她「外國假小子」，她髮色偏黃，剪得短短的，皮膚白皙，鼻子高挺，大眼睛眼窩深陷，乍一看人只有薄薄一片，好像風一過就能把她帶走一樣。

如今，她的五官依然深邃，只是腰圍暴漲。合影時有人大喊「外國大媽快點過來」，她樂呵呵地跑過來笑道：「討厭！叫姊姊不行嗎？」大家一笑，輕鬆化解了尷尬。

講這樣的故事，不是鼓勵你們不要瘦。只是自信、美好與你是體態輕盈還是豐腴有料，並沒有必然聯繫。

胖子的靈魂，從來都不卑微，體型不需要刻意改變，需要改變的，是我們對待胖這件事的態度。

作為一個年少過也胖過的人，我有必要提醒那些所謂的胖女孩。沒有必要為自己身上的任何一塊肉感到羞愧，更沒必要向任何人道歉。當我們學會接納自己，不跟自己較勁，不找自己彆扭，我們才可以在命運的長河裡，離幸福更近一點，那多出來的一點體重又算得了什麼呢？

身體是我們的靈魂的容器，我們與自己肉身的緣分不過短短幾十載，從這個意義上來講，它是我們的合作夥伴，不是我們要征服的對手，我們要學的是試著與它和解，而不是戰勝它。

你可以個子矮，你的氣場不能低

關於氣場，網路上將它解釋為人散發出的隱形能量。在我看來，氣場的背後一定是分分秒秒、日日夜夜堆積出來的歲月底蘊，是一個人在時光裡為自己譜寫的三百六十度環繞立體聲出場背景音樂。

＊＊＊

Rebecca是我的一位老師，但在課堂外，我們是可以互聊心事的朋友。Rebecca出門就算不擦口紅也走路帶風、自帶光環，頗有一種「我就是正宮」的氣勢，直到有一天，被各路小妃子挫了氣勢。幾個當年貌不驚人的女同學驚豔出席同學會，從耳飾到高跟鞋都十分考究，氣勢絲毫不輸給她這個一直以來的系花。穿著運動鞋和休閒裝的她明顯底氣不足，於是早早就回來了。她往我的沙發上一攤，對我嘆道：「你說本宮是不是老了？」

「聚會而已，娘娘您別想太多了。」

「女人過了三十歲後，每次同學聚會，都像是一場博弈。你還年輕，再過了幾年你就懂了。」然後又加了一句酸酸的，「我其實就是沒穿高跟鞋而已嘛。」

我將剛榨好的果汁遞給她，說：「或許你那些女同學在這些年經歷了你不知道的成長，全靠自己撐起的氣場，可不是借了高跟鞋的光吧？」

我認識一個平凡女孩，單眼皮，個子不高，身型消瘦。畢業後去深圳的這幾年，工作認真，美容減肥。翻翻她的微博，便是一本鄉下姑娘蛻變成都市麗人的教科書。

她還是那個身高，素淨的單眼皮，兩隻笑起來彎彎的眼睛嵌在她瘦小的臉蛋上，親和、自然。可是她背後已然翻天覆地的氣場，讓人無法忽視。

她有什麼理由不自信？

論內在，這幾年的加班生涯，把她活生生累成了資深HR，走到哪裡都有公司欣賞她；論著裝，時裝雜誌期期不落，平時沒時間，那就坐在馬桶上的時候看，如何搭配得恰到好處對她來說已經不是難事。

一個貌不驚人的小姑娘，五年之後蛻變成了氣場女王，真的不是她包包更貴了，鞋跟更高了，而是她坦然面對真實的自己，明白了自己想要什麼，並為此而付出汗水。

氣場，是一個人在年歲裡所有辛酸苦辣的總和，有著懾人心魄的力量。

Rebecca若有所思地承認：「是我這幾年不太上進了，才被後浪拍在了沙灘上。」

Rebecca並非是遊手好閒的女人，「工作狂」「高分女王」都是同事送她的稱號，只是前年晉升後，對自己的要求稍有放鬆。

公主老了後不會自動晉升女王，即使不低頭，王冠也會掉。時光法師會把它撿起來，輕拂灰塵，然後重新賜給新女王。

女人背後那股看不見的氣，若自己不撐著，便連招呼都不打的說沒就沒。

＊＊＊

畢業那年，隨院裡參加一個國際學生論壇。

當時論壇的組委會成員全部是來自國際外語交流學院的學生，但讓我印象最深的是那屆主席，一個叫 Anne 的小個子華裔，皮膚偏黑，丹鳳眼，其貌不揚，黑色西服套裙將她襯托得更為嬌小。她既沒有大部分國外年輕人那種瘋瘋癲癲張揚的樣子，也沒有那種在國外待久了的華人孩子那股自命不凡的樣子。

臺上臺下，永遠都笑咪咪的，既行動迅速高效，又謙和有禮。

討論會最後出了一點意外，校長將獎盃頒給同學後，轉身就要下場，剛走幾步，只見 Anne 加快了一點腳步，輕輕扶住校長，然後順勢朝臺下等待採訪的新聞學院做了個「請」的動作。

校長立刻會意，停下來轉身，向臺下展露出笑容，新聞學院的同學蜂擁而上，進行提問和拍照。當閃光燈悉數亮起，那一刻瘦瘦小小的 Anne 以處變不驚的風度和魅力冠壓全場，達到了峰值。而且她的臉上始終保持著得體溫暖的微笑。

因為 Anne，我第一次體會到一個女孩子的魅力，並不是非要靠容貌、身高來獲得的。

我們都曾對氣場的概念有過誤解，認為那一定是殺氣騰騰的兇悍。後來才明白，氣場一定被淡然無畏的微笑所包裹。只要內心是篤定強大的，便不再需要靠冷漠趨避不願和不悅，才能親和待人。

有女孩問，如何才能練就自己的氣場呢？

沒辦法，你得熬，等歲月打夠你的臉，等你多摔過幾次跤、多流幾次淚，依然能不卑不亢、不認輸的時候，你才能擁有越來越淡定而強大的氣場。

你要相信，能挽救你人生的不會是那雙八公分的高跟鞋，而是你憑藉自己的努力為自己撐起不可置疑的氣場。是你給予自己人生更多的可能性，活得努力而不帶戾氣，美好又爭氣。

沒有誰的人生段位，是由顏值決定的

能夠改變你人生質地的，不會是一張面膜，或是一個新款髮型，而是你選擇了如何折騰自己的生活。

＊＊＊

每個週一的午飯後，幾個女同事的聊天內容都會是週末是怎麼過的。

「我睡到中午才起，看看綜藝節目，收拾打掃，也沒做什麼，一個週末就過去了」「在家隨處躺，躺得頭昏腦脹的，餓了就點份外賣」「我去做了皮膚保養和美甲，約了姊妹下午茶」，還有同事眼神空洞地回想半天，說完全沒印象。

輪到歆女神發言時，我滿心揮舞著螢光棒。

認識她三年多了，她週六上芭蕾課，週日上法語課，三天左右的假期會選擇短途旅行。

除此之外，她還和大學同學合組了一個法語口語練習社團；上週她參加了一場很有趣的讀書會，晚上在家看了一部冷門美劇，看完後感觸頗多，還寫了兩千字的影評；上上週她去了育幼院做義工，下午趕回劇院參加芭蕾舞表演。

我叫她女神，並不是因為她膚白貌美大長腿，相反，歆女神圓圓的臉上，還帶著點點雀斑。但每當她講起她放假時間那些有意思的所見所聞所感時，都能減輕我週一的痛苦程度。

＊＊＊

堂姊在上海一家經貿公司做人力資源管理，每次去上海想和她碰面都不容易。看她的朋友圈，就知道她又練長跑去了。這個月是廣州馬拉松的全馬成績有進步，下個月又是大連馬拉松的半馬成績再創新高，昨天又秀出她與隊友跑前熱身小短片。她稱得上是我朋友圈裡的勵志人物。

還有一個曾經一起共事的女孩，經常跟我吐槽戶外的裝備如何費錢，皮膚防晒和修復如何費心。但每次臨近有人舉辦登山活動，她還是興奮得像個小孩，皮膚雖然越來越黑，性格卻越來越開朗活躍。

工作以外的時間，不僅決定了你的人生高度，更決定了你與他人的差距。

如果你下班後還只是吃飯、逛街、看韓劇，那麼你離自己想要的生活恐怕會越來越遠了。

搜狐執行長張朝陽在採訪中曾說過：「我就是一個平凡人，我沒有發現自己與別人有什麼大的不同。如果說有不同，那就是我每天除了平均七個小時的睡眠時間外，其他的時間都在思考。」

當你不去遠行，不去冒險，不去努力獲得一份獎學金，而是整天聊聊八卦，滑著手機，做著六十歲都能做的事的時候，你想過自己的青春到底是用來做什麼的嗎？

其實，你現在處在什麼位置並不是那麼重要，重要的是你有一顆永遠向上的心，是你一直走在不斷進步的路上。只有這樣，你才終究會看清那個屬於自己的方向。

不要在最能吃苦的年紀選擇了安逸度日，沒有誰的青春是在紅地毯上走過的。既然夢想成為那個別人無法企及的自我，就應該選擇並堅持一條屬於自己的路，再為了到達終點，付出比別人更多的努力。

去做自己真正感興趣的事，去發現自身深藏的更多可能性。它遠比一張漂亮臉蛋更能讓你快樂，也更有價值。

CHAPTER 3

不能靠爸，那就拚命吧

三十歲開始，相由薪生。
這個相，不僅是指你的容顏，還有你的精神狀態和生活態度。
這個薪，不僅是指你的存款，還是指你對金錢的認知和賺錢的能力。

世間所有的美貌，聞起來都有金錢的味道

女孩子的臉，是一張會說話的薪資單，也是好生活的入場券。它替你傳遞出快樂或悲傷，替你傳遞出你生活的狀態。不能怪別人以貌取人，因為內心太遠，而臉就在眼前。

＊＊＊

假期時，室友小魚在一個商場做導購員。

她表示從前一直對商場導購員「以貌取人」這一點特別特別反感，但自從做了這工作之後，有了不同的看法。小魚說，其實導購人員對於所有人在表面接待中，都是差不多的熱情和客套，因為品牌會對禮儀有專門的培訓和要求。但是在心底的想法，真的是有天壤之別的。

其實人人都對美好有一顆敬畏和尊重的心。如果你自己灰頭土臉、衣衫破舊、面容疲憊，顯然就是對自己的放棄。而那些妝容精緻、得體、優雅的人，自然會享受到更多重視和服務。畢竟，一直面帶微笑太累了，只能把更有限的真心，用在更養眼的人和物上。

你覺得很多人素質不高，因此而討厭他們，很可能人家只是不想在你面前表現出良好的修養禮貌。

容貌是天生的，但對待容貌的態度，以及對待生活的態度，是可以養成的。

你的臉，就是你靈魂的樣子。

前幾天 YSL 聖羅蘭的星辰口紅炒得火熱，Coco 發了一篇文說：「賣家說我前幾天付款的星辰斷貨了，氣得我趕緊買了支 GIVENCHY 紀梵希小羊皮口紅。」有人評論她任性，有人說人不愛美天誅地滅。

其實我挺能理解她的，有哪個女孩不愛那明亮的顏色呢？我身邊很多女生每次逛街都必鑽進化妝品店，興致萬分開始試色，橘紅活潑，正紅精神，紫系神祕，桃紅可謂是繞指柔情。她們唧唧喳喳圍成一團的樣子，像是小時候女孩子們在一起給喜愛的芭比娃娃搭配裙裝，眼神裡透著歡喜和可愛。

網路上曾有一個很火的活動，一家攝影機構無償為幾位為了生活負重前行的中年女性拍攝了一組寫真，用錦衣著身代替粗布裙衫，以妝容得體褪去了蓬頭垢面。一張張對比照讓人們無限感慨，草根女性也可以明眸豔唇，氣質出眾。

在這個人們對美極其認同和渴望的時代，哪怕不管你是畫出來的、微整出來的，只要你在迎著微光走出去的那一刻，你都是耀眼的。生活殘酷，女人不易，尤其是沒條件打扮的女人，更會讓人感傷。沒有錢，就意味著沒有美貌。

在你二十歲時擁有父母帶給你的臉龐，三十歲時的臉都是時間和金錢給的。吃飯、健身、旅行、化妝品、包包哪個不花錢？你以為發個嗲，就一定會有多金又痴心的男人把禮物送到你家門口嗎？你捨不得為自己投資，憑什麼讓別人捨得為你消費？

想想一個年輕女孩，即使皮膚吹彈可破，但破皺的衣服、抽絲的裙擺、暗淡掉色的飾品，怎麼看來都是生活艱辛的模樣。明明在最美的年紀裡卻無法享受該有的美麗，讓這些毫無美感的甚至醜陋的東西掩蓋自己本來的面目，是多麼可悲的一件事。

貴的東西，好像只有貴這樣一個缺點，然而，便宜的東西卻好像只有便宜這一個優點。

我們不得不承認，女人這種生物不美就會死。而每一瓶面霜、眼霜、精華液，都需要一個不敷衍生活的態度和一張可以任性刷刷刷的卡來支撐。

這世間所有的美貌，聞起來都有錢的味道。

＊＊＊

前幾天和一個朋友聊天，我問她：「新的一年你最大的目標是什麼？」她幾乎毫不猶豫地回答：「繼續賺錢。」

朋友是我的高中同學，大學畢業後她選擇去了上海，從實習生到普通員工、到專案組長再到現在的小專案經理，拚命地賺錢。別人半年才能完成的專案，她只需花一半的時間便能完成。週末去奶茶店做收銀員，或是坐幾個小時的車去做家教，其中的辛苦只有她自己最清楚。

她說：「Dior又新推出一套美白護膚品，瓶子晶瑩剔透，讓人一眼就愛上，我想把它擺在我的梳妝臺上，那感覺肯定很棒。我這人其實蠻俗氣的，我這麼努力賺錢不過就是想把喜歡的東西收入囊中。」

同學聚會的時候，關於自己今年賺了多少錢這個話題，大家會巧妙地避開，有時還會加上一句「錢不用賺得太多，夠花就行唄」。只有她從不過分吹噓自己賺了多少，也毫不掩飾自己賺錢的熱情：「我還想賺很多錢。」

有人在背後說她以前肯定是窮瘋了，年紀輕輕一身銅臭。她反倒覺得奇怪，努力賺錢怎麼成了被鄙視的行為。她會反問：「那房子、車子、化妝品、飾品，都用什麼買呢？天上會掉嗎？」

這個世界就是這麼真實，沒有錢，很多時候，我們並無半點顏面可言。因為，沒有人有時間和你談人生談理想。

我對任何工作都沒有鄙夷之心，對每一個靠自己去努力賺錢的人，都心生佩服。不管做什麼工作，只要他熱愛、付出、堅持，那麼就比那些碌碌無為還自我安慰的人要強一百倍。

如今已經沒有什麼事，是比甘心貧窮更丟人的了。

＊＊＊

我們為什麼要努力工作賺錢？因為窮，對於愛美虛榮的女人來說，真的是太殘忍了。沒有經濟能力的女人只有兩種結果：逛不完的菜市場和買不完的地攤貨。

錢這東西不可以向男人要嗎？當然也可以，愛的最高境界，就是可以坦然地向你的另一半要零花錢。但你可以保證，這一生你都一直有人可依嗎？金錢雖然不是我們人生追求的意義，但是我們的很多追求，卻必須依靠金錢去實現。

網路上流傳著一句很夯的話：三十歲開始，「相」由「薪」生。

這個相，不僅是指你的容顏，還有你的精神狀態和生活態度。

這個薪，不僅是指你的存款，還是指你對金錢的認知和賺錢的能力。

當你唇上塗著 GIVENCHY 小羊皮最熱賣色號的口紅，睫毛膏是 HR 赫蓮娜新款的濃密捲翹，香水是昨天剛買的 Miss Dior，那麼，你便擁有了不怯場的金甲聖衣和一顆沒有被卑微侵染的心。就算是偶爾被生活中的雞飛狗跳鬧得心情糟糕，也能躺在幽美的山中溫泉裡敷上面膜止住眼淚，而不是只能買幾瓶啤酒和一袋泡椒雞爪坐在路邊號啕大哭。

你貴的時候，才會很好看。

不要小看女人昂貴的衣服和鞋子，那是她明白自己要成為什麼樣的人，更不要小看女人今天用什麼大牌化妝品，那是她預備進入怎樣的社交圈。

所以，當一個女孩妝容完美、衣著得體地站在你面前時，她背後付出的，不僅僅是那些你不認得的瓶瓶罐罐，更是她為這完美的一切付出的時間和心思，也是她不想敷衍生活的態度。

你什麼都嫌貴，最後只會讓自己廉價

什麼算便宜？什麼算浪費？所有退而求其次的消費都是浪費。

＊＊＊

在書中看到過這樣一段情景。

「哎，聽說XXX最近打折，好多東西可便宜了，我買了好多，你要不要去看看？」

「不要了吧，沒有特別喜歡的。」

「沒啥喜歡的，喜歡的都那麼貴，買個差不多的就行了。」

還有另外一種：

「我也有一件和你一樣的白襯衫，網路上買的，五十塊人民幣還含郵，你呢？」

「我在商場買的，兩百多人民幣。」

「你是不是傻？我這個跟你的差不多啊，不信你摸，差不多就行了，幹嘛要買那麼貴的。」

是不是每次聽到這些話，都想要翻個白眼？什麼差不多？什麼叫傻？心裡想著：我的不起靜電、不縮水的好不好。

很多東西並不是差不多就行了。

都說陪伴才是最長情的告白，對廉價物品連「我愛你」都還來不及說就夭折了；就像鞋子，總有一些盜版看起來也是那麼像模像樣，然而穿起來的舒適度和磨破的腳跟，只有自己知道。

那些喜歡的人，我們可能買不下來，但是看到喜歡的東西，我們還是可以買下來讓它們屬於自己。

從某種意義上來說，一件好的東西可以陪你很久，你想像不到的久。你開始懷疑人生、懷疑男人，你都不會懷疑它的品質。

有人說，積攢了幾個月薪水為了買一件奢侈品是何苦呢？就是很喜歡，沒辦法。

把有限的錢花在刀刃上，讓自己看起來精緻而講究。不要說人家奢華，不要說人家浪費，人家只是用一堆廉價貨的錢換了一種高水準。

為什麼要買貴一點的東西？因為物和人一樣，廉價的總是很快被拋棄。

＊＊＊

我的一個朋友Candi說，對她消費觀產生最大影響的人，是她之前的男朋友。他們雖然已經分開許久，但是她的櫃子裡還擺放著他送的包包。她的首飾盒裡，還有他送的鑽石耳釘。Candi 說，在她的心裡永遠對他心存感激。

我問她，是因為他帥氣多金嗎？她搖頭。他們相遇的時候，她只是一個普通的女孩，捨不得買商場裡華麗的東西，總是買一些打折的飾品。

某一天他們約會時，他對她說：「遠遠的看你走過來，我覺得你身上的這些東西都配不上你，以後不要再穿了。」

那句話震撼了她的腦神經，此後再去逛商場，她再也不會被打折促銷吸引了，也不再把時間浪費在不必要的事情上，她會直接去買那個最想買最喜歡的東西，即使它很貴。

她說，以前她根本不會去奢望那些貴的東西，如今遇到了心儀之物，她就會努力賺錢，然後將它收入囊中。她說那種感覺，真是特別棒，是你買一百件便宜物品也得不到的滿足和自豪。她就是從那時起期待更好、更貴重的自己。

花錢花到自己心痛，就放得下雜思雜念，錢刷出去之後，只管一心一意地繼續工作賺錢。

你要擁有讓日子越過越好的能力，當你自己不再對自己敷衍的時候，別人自然也不敢對你敷衍。

＊＊＊

費盡心思得到的珍貴的東西，你一定格外珍惜，不想失去。不信的話，你回頭看看，你亂買所謂便宜的東西花的錢是不是也不少，到頭來都變成了壓箱底的舊物。

買點貴的東西，不是揮霍、不是奢侈，更不是虛榮。只是你開始相信自己值得擁有更好的一切，你敢於要求自己活出更高一點的層次，你就不再覺得自己配不起耀眼的人生。

很多時候，我們買的不是一個包包，一支口紅，而是對一種生活的憧憬，是在獎勵認真生活的自己。珍貴東西能帶給你的回憶和喜悅，遠遠超過了你付出的金錢。

你花的每一分錢，都是在為你想要的生活投資，你願意為那些美好和浪漫付費，你便值得那些美好和浪漫所帶來的光環。

有人說，物品都是有生命的，你買的不是冷冰冰的物件，而是一段陪伴。在有限的生命裡，獨自一人的時候，那些你珍愛看重的東西隨著時間的流逝有了你使用的痕跡，有了你的氣味，它們會護你周全、陪你冒險、和你一路看風景。

僅這一點，就值得你花更多的金錢和精力去得到。

親愛的，當你有了讓日子越過越好的能力，對自己大方一點。不要因為貴而放棄真正喜歡的，畢竟，二十歲時喜歡的裙子，四十歲穿上已沒有了任何意義。

為了真正喜歡的東西，從而努力存錢得到。也許當時財力無法承擔，但在追求的過程中，你會得到另一種收穫，那就是你開始明白，你究竟要什麼和想過怎樣的生活。

只有靠自己努力賺錢，才有底氣驕傲地買買買。喜歡的人我們不能用錢買來，但願喜歡的東西別錯過。

當精神和物質保持在同一水準，當你開始主宰自己的生活，我相信，你已經成為自己世界裡的王。

愛慕虛榮前，請先置頂你賺錢的能力

「你負責賺錢養家，我負責貌美如花」，這句話可以在很多女孩的網路簽名檔上看到。不願承受工作的壓力，在家悠閒地當全職太太，或是身在富裕的家庭，一輩子悠閒，大概是許多女孩一心嚮往的生活。

＊＊＊

前陣子跟朋友們吃宵夜，說到某品牌今夏新款時，林西說：「你們知道人和人之間的差距有多大嗎？我高一的時候跟同學出去逛街，在 Gucci 店門口，同學說這家店的包包，她爸爸讓她隨便買。但我當時沒有概念，不知道它是奢侈品。」

我們幾個笑起來說：「你看看短短幾年發生了什麼，現在你也是每天賺錢嚷著買包的人了。」

她說：「對啊，工作這幾年，我感覺有種力量在冥冥之中驅動著我。這種力量，正是你們嗤之以鼻的虛榮心。可我覺得虛榮心並不是個貶義詞。」

她晃動著手裡的半杯奶茶，接著說：「我的少女時代其實挺平淡的，沒有修長的美腿，沒有太多好看的衣服，沒有男生悄悄塞過來的紙條，腦袋裡就想著下次考試如何不讓自己掉名次。青春像是一條無光潮濕的走廊。」

她說這些話時，臉上還掛著一絲淡淡的失落。

林西說自己嫉妒總被男生表白的那個女生，嫉妒數學壓軸題永遠得滿分的那個女生，還嫉妒拿專櫃手提袋當垃圾袋的那個女生……她就是在那個時候悄悄地告訴自己：「喂！有一天你也可以的。」

她說自己從那時開始起早貪黑，發瘋似地學，開始抽空看時尚海報，因為家裡並不富裕，不好意思張口要錢，就開始給自己喜歡的雜誌投稿賺錢。

林西說當時的確是把無憂無慮的日子過得那麼苦大仇深，但如今回頭看並不後悔。如果永遠對自己滿足，大概能活得安穩妥當，但會少了野心，少了生機勃勃的、想去拚的勁頭。

人年輕的時候心態的確是狹隘的，說得俗點，也就是「看見別人有，我也想要」。我一無所有，生活也不打算贈送，那好，那我就自己用汗水換吧。

＊＊＊

我想起了自己工作的第一年，在生日的前幾天我詢問一個女孩口紅色號的問題，對方認識我長達十年，她知道我以前是那種土裡土氣的女孩。我說想買一隻 YSL 聖羅蘭的口紅送給自己，她回過來一串驚訝的表情，說：「親愛的，你變了耶，以前你對這些東西不感興趣的。」

我笑笑，其實我怎麼會不感興趣，對所有光鮮亮麗的東西，哪有一個少女是不愛的呢？但以前的我沒辦法擁有它啊！至少現在我用自己賺的錢，試著一點點去填滿那種所謂的「虛榮心」。

這樣看來，虛榮心並不是件徹頭徹尾的壞事，相反，它給了像我和林西這樣普通的女孩一種上進的動力，是這種虛榮心在後面狠狠地推了我們一把，讓我們變得更好。

有時候「平平凡凡過簡單生活」的正能量，還真的比不上帶著酸味的「憑什麼我沒有？」

很多人活得豁達、大度，買不買奢侈品，進不進高級餐廳一點都不影響他們的心態，但如果你恰恰是「小氣」的那種人，其實也沒什麼不好。

如果沒有了「虛榮心」，不曾埋怨命運的不公平，討厭自己不完美，嫉妒別人站得高，很多人大概只會原地踏步。人如果過早的自我滿足，必定也走不遠。

長大後的女孩子愛包包和高跟鞋，和小時候愛芭比娃娃、愛蕾絲裙本質上是一樣的，都是想把心愛的東西捧在自己手裡而已，只不過娃娃容易得到，奢侈品難買。

＊＊＊

我們這裡說的，絕不是用非正當手段來滿足自己的虛榮心，只是覺得，人的成長都需要動力，要快速成長為優秀的人，你真的需要一股遠比「期待、但願、希望」更強大的力量。

那些未被上蒼青睞的黑暗日子裡，推動你前進的，除了鼓勵和溫暖，還有一股悄悄藏在心底的不服氣。

我在一家出版公司做文字編輯，想買的衣服和化妝品都是自己賺來的錢。你要說虛榮心，我不否認，但我並沒有刷爆信用卡，也沒有啃老，更沒有指望男生來送這些東西。在一定限度的奢侈範圍內滿足自己的虛榮心，這讓我覺得很開心，也很有動力。

現在的我，依然有很多個不甘心的時刻，也還會偶爾覺得自己怎麼就不是個富家女。但我跟那個十九歲時的自己不同了，我沒以前那麼難過了，我很坦然，因為我知道該怎麼安置自己的那顆「虛榮心」。

世界從來不公平，現在是，以後也是。

人生怎麼樣都必須精進每一天，因為就算你一心只要最好，都無法百分百實現。如果你連一顆只要最好的心都放棄了，那麼就別怪命運不公節節敗退了。

愛慕虛榮沒有錯，為什麼要掩飾自己想要最好的心？你值得最好的一切，並且願意為擁有最好的一切而全力以赴。就算你暫時無力負擔最好的一切，但卻不能不知道什麼是更好，也不要放棄永遠追求最好的心，依然懷揣著對最好的憧憬。

時代變了，沒有人會為了想要更好的東西而感到羞恥。每一個用努力、用勞動去賺錢、去改變生活的人，都是一個發光體。有機會能對自己負責，能為自己追求的生活付出努力，才是我們人生最大的幸運。

忙，是治癒矯情病的良藥

這世上總有人永遠站在「無聊」的對立面，永遠那麼折騰，絕不會讓自己虛度光陰。

＊＊＊

女孩在論壇裡面吐槽男友平日裡沒時間陪她，每天發三百多則簡訊給男友，即時監控他在做什麼。因為週末男孩要兼職賺錢，偶爾有一次沒有陪她吃飯，恰巧被閨蜜看到男孩在另一個地方與一個女孩子有說有笑。回來告知她以後，她氣急敗壞地指責男友。其實那是男孩的學姊，他不過是找學姊拿一點考研究所的複習資料。

後來，男孩說了一句話：你就沒有其他事情做嗎？每天這樣發簡訊的時間，還不如拿來看看書或者學點英語。

女孩覺得男孩不愛她，她覺得他重要，才每天發那麼多簡訊，卻被他認為她太閒了，沒有自己的人生追求和主見。

最後兩人自然是以分手收場。

看熱鬧的大家眾說紛紜。

我突然想起在某篇文章裡看過的一段發人深省的話：「說到底，人之所以矯情悲傷，都是因為太閒了。你暗戀的人正用力愛別人，你羨慕的人往往比你更努力，你討厭的人也一直待在那裡，所以少看別人，多看自己，學會充實自身，忙碌是最安心的快樂。」

YouTube創始人陳士駿在自傳裡寫道：不管他們[2]是住在有泳池的大房子裡，還是睡在公司的地板上，不管他們是在加州的草坪上喝著咖啡凝神靜思，還是在中關村擁擠的餐廳排著長隊，心裡都對程式碼念念不忘。

我也認識一些把自己過得很充實的朋友，他們真的努力得像上了發條一樣的機器。一週工作後，與家人自駕旅遊，去育幼院做義工，陪著孩子參加親子活動。

他們總有還沒看完的新書、還沒學會的新菜、還沒做完的工作，一個又一個需要自己去完成的目標，忙忙叨叨、充充實實、熱熱鬧鬧的。

他們在每天的忙碌中，小心翼翼地獲得時光給予他們的恩賜，將每一刻都充分利用，並從中獲得快樂。

我也曾問過一個朋友：「你會有情緒低落或者焦慮的時候嗎？」

「也會有啊。只是極少。因為，根本沒有時間去傷春悲秋。還有很多事情沒有做，還有很多地方沒有去，還有很多話沒有講，沒有時間浪費腦細胞和情緒。」說完朋友發了一

2　編註：這裡的「他們」指的是創業者們。

個笑臉表情，說要去準備明天開會的資料，然後要睡了，下次再聊。

＊＊＊

有一種女孩，每天下班後遛狗、打掃、美容、跳舞、看書。利用週末報個網路課程學習，或是去健身房流汗。人一閒，就容易想東想西的，一個人思考問題非常容易陷入牛角尖裡，想著想著就會覺得一件小事越來越嚴重了，自己的整個世界都要炸裂了，感覺自己活不下去要憂鬱了。

還有一種女孩，常常擔心一些生活中的瑣事，譬如今天被鄰居家的狗狗吼了、同事看我的眼神好像總有些不對勁、關係好的姊妹怎麼最近都沒有給我按讚之類的。客觀一點想，其實這些都不是事，真要把這些當成事，那真的是有點多餘了。

有時間做點別的，別閒得沒事瞎想。隨便出去走一走，哪怕不走遠，就去超市買個水果，菜市場裡買個菜，跟朋友出去吃個飯，你都會發現讓自己苦惱的事被忘得一乾二淨了。

世界上有三種東西無法挽回：一是潑出去的水，二是流逝的時間，三是錯過的機遇。時間對於我們來說，除了珍惜再無其他。

人們常說機會總是垂青於有準備的人，而忙碌的你就是在時刻準備著。忙碌讓我們真實地感受生活，它更像是一種享受。

當我們習慣了時間的緊湊，自然就沒有時間和精力為小事嘰嘰歪歪，沒功夫在意同事今天對你是否和顏悅色，沒有閒情逸致躺在床上回味今天誰對我不好了，誰踩了我一腳，我是不是說錯了話、得罪了誰。

＊＊＊

忙碌能讓我們享受到與時間賽跑的快樂，能讓我們生活的空白處得到充實，能讓我們在忘我的奔跑中得到滿足。能忙碌，說明你健康的活著，說明你有工作可做；可忙碌，說明你還有用，說明這個世界還需要你。當然，有意義的忙碌才能豐盈人生，而不是那種無端消耗生命的碌碌而為。

有事做的時候，才能不傷感、不八卦、不無聊、也不花痴了。平靜的臉上無怒無喜，看過去只隱隱約約地寫著「走開」兩個大字，根本沒有時間管那些七七八八的瑣事。

女孩，多做點有意義的事，抓緊時間行動起來，不憂心未來，不沉溺過去，把每一個當下過得充實飽滿，努力成為一個溫柔可人的正能量女孩。正如那句話說的：忙，是治療矯情病的良藥。

你的歲月靜好，不過是佯裝自己擁有一切的假象

如果你連生活都不敢面對，那不是歲月靜好，而是不負責任。

＊＊＊

有人說，我喜歡這樣的女人，穿得起幾千元人民幣的大衣，也不嫌棄幾十元人民幣的T恤；享受得了高檔的咖啡廳，也嚥得下路邊的麻辣燙；坐得起豪華轎車，也耐得住公車；出席得了高雅會所，也嗨得起姊妹們的聚會；可以小鳥依人，也可以自力更生。

也有人說，「一切都是浮雲，一切都是身外物」，再配一張圖，圖中是一本根本就沒有認真看過的書，和一張仔細修圖後選出來的自拍。

有時候，你是不是也會那麼一瞬間，內心波濤洶湧，若有似無地、隱隱約約地，彷彿參透了人生的奧義，好像忽然之間從一切瑣碎繁雜的俗世裡跳脫出來，又或者突然被某一句話砸中了腦袋，當下感覺自己強大的內心已能戰勝一切，什麼名利金錢，等級地位不過爾爾。

莎岡說過一段很有名的話：所有漂泊的人生都夢想著平靜、童年、杜鵑花，正如所有平靜的人生都幻想伏特加、樂隊和醉生夢死。

你的雲淡風輕歲月靜好，不過只是佯裝自己擁有一切。

＊＊＊

我想講兩個真實的故事。

苗苗是我的大學同學，畢業後在海邊城市開了一家咖啡店。朋友圈裡的她穿著純白的長裙，坐在咖啡店裡看書、寫詩，海風吹起她的裙角，文藝清新又與世無爭。

有一天，許久不聯繫的苗苗突然打來電話，寒暄幾句後，她帶著些許失落說咖啡店生意冷清、入不敷出。我勸她不如回來找份工作，踏踏實實賺錢，等再過個幾年，再考慮騎馬走四方天涯的生活也不遲。

「還是不要了吧。」她在電話裡支支吾吾。「職場裡太多勾心鬥角了，我不是很喜歡那種生活。」我告訴她，職場並沒有那麼不堪，而且能學到很多東西，不管生活的本來面目是猙獰還是可愛，我們都應該鼓起勇氣直面它。

我們說了很久，也沒個結論。

掛了電話後，再打開朋友圈，恰好看見一學姊秀出了自己獲得的公司最佳員工的獎狀。

學姊幾年前出國進修，在實驗室裡專心致志，在圖書館裡背單字，還經常學一些料理烹飪，花自己兼職賺來的錢為自己添置東西，和朋友一起去打保齡球。她偶爾也在朋友圈裡秀圖，配活力滿滿的圖片，寫一些清新的文字。我看到的，是一個鮮活的、朝氣的、努力生活的女孩。

學姊也和我說起過剛開始工作時的艱辛，租來的房子老舊不堪，冷風中捨不得為自己叫一輛計程車，忍著眼淚告訴父母自己一切都好。工作中也默默忍受過委屈，在這個過程裡，看清了虛偽和真摯。她從一個青澀的學生，變成了一個成熟的社會人。

她拚命奮鬥、努力奔跑，她看過了好多不同的風景、品過了好多不同的滋味。

現在的她，離自己的夢想越來越近，事業順風順水，卻依舊會在深夜裡被朋友的一個電話叫出來吃路邊的燒烤，依舊會在群組裡發一則笑話逗樂大家，依舊會懷念在學校時的幼稚青澀。她毫無怨言的臉上掛著恬靜、自然，在積澱的成熟中依舊保持著一份天真、單純。這樣的她，讓我真心覺得無比美好。

很明顯，苗苗和這位學姊，過著不一樣的歲月靜好。

當我們看到書上寫著「這一生要來一場說走就走的旅行」「一定要去一次西藏或雲南」；當別人說著「所有的財富、權力都是過眼雲煙」「要做就做一個歲月靜好、與世無爭的人」時，我們誤以為歲月靜好就是這麼簡單。

沒有歲月，何來靜好。

二十幾歲的姑娘，沒有在職場裡大展拳腳，沒有為夢想一意孤行，沒有看過、品過生活的艱辛。那樣的歲月薄得像一張紙，卻偏說自己瞭解夢想，透徹生活，要遠離繁華，悠然生活。

有人質疑這種年紀輕輕卻著急歲月靜好是一種軟弱和懶惰。他們說，當你剛剛大學畢業，父母終於可以對你有期許和依賴，而你想要與世無爭；與心愛的人一起初入社會，他一個人能否承擔起兩個人的生活，而你又能否「靜好」地看他辛勞；又也許你單身一人，不爭不搶的生活也沒有讓你餓到自己，不過聽一場偶像演唱會或是買一件心儀的衣服就會讓你這個月帳單赤字，拮据的生活真的就是你要的「靜好」？

你明明心裡有渴望，因為達不到，於是強行雲淡風輕，在社群平台上過度表現那些自己根本就沒有的豁達與智慧。這看起來並沒有什麼不對，卻讓人覺得如此不舒服。

＊＊＊

在《慾望城市》裡，凱莉遇到一個新的約會對象，那個人讓她很著迷，她感嘆：「美好得讓我似乎回到了我的三十五歲。」

凱莉因為尋找「真愛」前往巴黎，卻在某個夜裡給曼哈頓的三個朋友打電話哭訴：「我並不喜歡這裡。這不是我要的。我不想守候，不想忍受孤單，我想念你們。」

米蘭達說：「我們的女孩，如果你不喜歡，請回來。」那年她們大概已經四十歲。

原來三十五歲是一個珍貴到值得回去的年齡，原來四十歲也可以眼睛裡閃著光芒。可實際上，多少女孩子，已把二十五歲視為初老，全然不顧後面還有四五十年是留著幹嘛的？每天跳廣場舞嗎？一邊迷戀年輕，卻又一邊迫切讓自己去「未老先衰」。

困住一個女人的，從來不是年齡和身分，而是視野和觀念。

很多事情，你做與不做，可能將來都會後悔的，但你做了，你就從這個遺憾裡跳出來，看到了更遠更美的東西。

想做什麼就去做，不要憋著，然後為你做錯的事情買單，而不要什麼都不做，思前想後，擔心犯錯。

去愛想愛的人，去花想花的錢，心裡有渴望就先填滿它，最後發現：噢，真的錯了呢。那就去努力療傷，用心工作，去做有意義的事情。怕什麼呢？

這個世界總是蒙著面紗，又布滿了陷阱，可貴的是有人願意赤裸面對，坦誠相見，勇往前行。

要經歷了沉浮、學會了生活，才知道歲月的滋味；要頂得住壓力、養得起自己、贍養好父母，才明白在歲月裡奮鬥的意義。只有在磨礪中不忘初心，才能在歲月裡一直靜好。

親愛的女孩，唯有直面生活的人，才有資格談歲月靜好。

這世上最誠懇的謊言就是「你不行」

每份看似漫不經心成功的背後，都是深思熟慮的用力和內心的堅持與隱忍。

＊＊＊

一個木訥淳樸的民謠歌手，想靠唱歌安身立命，住過最便宜的違建屋，跑遍了城市裡的每一間酒吧，沒有房沒有車沒麵包，靠著心裡對歌唱的熱愛熬過了一年又一年。後來他去到了雲南麗江，在那裡遇見了願意陪他堅持夢想的女孩，從那時起他擁有了夢想和心愛的人。

幾年後，他把歌唱到了中國中央電視台，在一個叫《中國好歌曲》的節目裡，唱哭了一個叫蔡健雅的導師。

這位民謠歌手，叫周三。

世人大都是普通人，大部分普通人大都信步漫行在庸常的人生中，大部分普通人都習慣了在週遭旁人林林總總的故事中扮演路人甲。

周三也是普通人。他的故事並沒有多麼感天動地，不過是一場流浪、一份夢想、一點真心而已。不過是個普通人敢於去擁有愛情、米飯、理想而已。不過是個路人甲敢於用自己的方式，去出演一幕普通人的傳奇而已。我們常說「聽過了許多道理，卻依然過不好這一生」，或許是因為你真的光聽了，而沒有去做。

其實世間大多數的傳奇，不過是普普通通的人們把心意化作了行動而已。

二十幾歲時，你可能覺得自己的運氣糟透了，你所感興趣所擅長的一切，在別人眼裡是毫無意義、沒有用處的東西。但所謂更好的路，其實就是你選擇的那條路。即便外人並不看好，即便你自己也會懷疑。

生活告訴你，你應該長大了。夢想會告訴你，再堅持一下，再等一等。直到多年後你會發現，當年所有的苦悶，其實統統都是指向你現在擁有的人生。

* * *

年輕可以提供大膽和看上去並不實際的夢想。年輕最吸引人的地方，就是在於對未來充滿想像力和好奇。

我們這一生，總有些心意或者感受是要自己體會的。長大後最勇敢的一件事，大概就是不滿足安逸的狀態，就是還有勇氣去嘗試未知的一切，也不怕嘗試所帶來的任何後果。

如果有天我們湮沒在人潮之中，庸碌一生，那是因為我們沒有努力要活得豐盛。

那些偷偷溜走的時光，催老了我們的容顏，卻豐盈了我們的人生。青春的可貴，並不是因為可以肆意妄為，而是那顆盈滿了勇敢和熱情的心，不怕受傷，不怕付出，不怕去愛。

這個世界上很多東西都會慢慢消失，臉蛋、身材、金錢、權勢，唯有對生活不計回報的熱愛不會朽壞。別怕，也別慫，生活就是這樣，沒有遇到一點險惡，你不會長大。你想要的，如果老天不給你，你只有努力去爭取，才能不辜負愛你的人、不辜負你自己。對喜歡的 say yes，對不喜歡的敢於 say no，至於結局，若是美好，叫做精彩；若是糟糕，叫做經歷。

有人拚命奔跑與尋找，也有人努力想證明；有人糾結犯過的傻，也有人沒心沒肺，從不在意對錯。就這樣，我們都把自己交給時間，因為它承諾永遠不倒流，也保證不將任何人退回。只要你願意，你可以一個人去最遠的地方，愛不可能的愛人，完成最遙不可及的夢想。除了你自己，誰都沒資格叫你放棄。

歲月綿長，路途曲折，你要相信未來會有好的事情發生，前路浩浩蕩蕩，萬事盡可期待。那份不顧一切的闖勁和那顆愛折騰的心臟，會時時提醒你，你想要的是什麼。

每個人都有覺得自己不夠好，羡慕別人閃閃發光的時候，但其實大多數的人都是普通人。不要沮喪，不必驚慌，做努力爬的蝸牛或堅持飛的笨鳥。

不去向神佛祈禱賜予好運，只在最平凡的生活裡謙卑和努力，才有機會在未來的某一天，站在最亮的地方，活成自己曾經渴望的模樣。

＊＊＊

希望以後你回想起曾經勇敢又帶著些許傻氣的自己，是熱淚盈眶的，是能夠被溫柔對待，而不是後悔「我本可以……」。

希望你的笑容都是發自內心的，希望你那麼忙，做的都是自己熱愛的事。那些用力的、彷徨的、略帶迷茫與不安的年華裡，唯一不變的，是你對生活的熱情與執著，伴隨著最美好的自己一起成長。

那些始終在歲月裡堅持著的每一個人，總會在某一天找到自己的位置。一點一滴積累的能量，在未來都會全部回報給你。

你終究會明白，那些看似生活對你的刁難，其實都是祝願。時光終究不會辜負任何一個努力的人，而我們努力的意義，是選擇自己想要的生活，而不是被生活選擇。

不能靠爸，那就拚命吧

現在的人生或許不是你想要的，但一定是你自找的。

＊＊＊

週末約了閨蜜去吃燒烤，剛坐下，閨蜜朝我使了個眼色，我順著她的眼色一看，旁邊一對男女正壓抑著聲音在吵架。

男孩說：「我求你再給我一次機會吧，不要分手好不好？」

女孩一臉無奈地說：「過完年我就三十歲了，我不能再耽誤自己了。」

男孩苦苦哀求，面露哀傷，女孩不無所動，面無表情。

終於，男孩的耐心崩潰了，對著女孩大吼：「你到底有沒有愛過我？我只求你再給我一次機會這麼難嗎？」屋內的客人紛紛朝女孩投去譴責的目光。

女孩端起一杯啤酒一飲而盡，冷冷地回道：「我們畢業都七年了，這七年裡我給過你多少次機會，但是結果呢？我身上這件外套已經穿了三年了你知不知道？下個月的房租還沒有著落你知不知道？我根本看不見未來，所以好聚好散吧。」

女孩說完後，頭也不回地走了。男孩的眼神裡透著憤怒與無奈，自言自語地說：「為什麼？窮一點，就不配有愛情嗎？」

閨蜜看了看那女孩決絕的背影說：「離開沒出息的男人，這女孩應該為自己慶幸。」

我瞪了她一眼。「你小聲點，人有貧富，總該有點同情心吧。」

閨蜜一邊往嘴裡塞著烤肉，一邊說：「你沒聽見嗎？他們已經畢業很多年了。這個年紀的男人，但凡對工作和生活上進一點，七年時間存下一套小坪數的頭期款不至於難於登天吧。到現在還在為房租發愁，已經不是窮不窮的問題了，而是生活態度甚至是個人品質的問題了。」

我笑笑：「瞧你說的，有這麼嚴重嗎？」

閨蜜說：「連多年的女友都要離開他了，這可憐之人必有可恨之處。一個人如果窮，別著急埋怨命運，應該先反省一下自己。一個男人口口聲聲說著沒有你活不下去，卻不肯努力上進給你一個美好的未來，離開這樣的男人，難道不對嗎？」

我忍不住點頭，閨蜜的話確實很有道理。

我們都曾幻想自己的未來，要有一棟大房子，很大的落地窗戶，陽光灑在地板上。在美好的日子裡，不為金錢發愁，不向厭惡低頭，只做自己喜歡的事情。

可是現實裡，你是否還沉迷無用的社交，漫無目的滑手機，得過且過的工作，毫無底線透支信用卡，追爛大街的肥皂劇？

窮並不怕，可怕的是內心默許縱容自己一直窮下去。明知道現在的自己是你所厭惡的，但你真的為之努力改變過嗎？

想起網路上看過一個故事。

幾個女人在餐廳因為皮蛋瘦肉粥裡沒有看到瘦肉，和老闆爭執了起來。其中一個女的越說越激動，竟然哭了起來。老闆邊給她紙巾邊安慰她，說：「一碗粥而已，不至於啦，我再給你們送一個涼菜。」

女人卻說：「我哭的不是這個，我難過的是，我已經三十幾歲了還為一碗粥而斤斤計較，我討厭這樣的自己，我什麼時候才能擺脫這種日子！」頓時，整個餐廳的人都陷入了一片死寂。生活重壓之下發出振聾發聵的吶喊，讓所有苟且於生活的人，心頭猛然一震。

許多人都在過這樣的日子：別人一身名牌幾萬塊人民幣，我們卻要加班加點的工作幾個月才能賺到。別人動不動就來一場說走就走的旅行，我們卻在菜市場和賣家因為零頭而爭論不休。

有太多的人都沒有過上自己想要的生活，卻還在向生活搖尾乞憐。

＊＊＊

二十七歲的琳達上個月在上海購置了一套屬於自己的房子，坪數雖然不大，卻是許多同齡人不敢奢求的。

一次我和琳達在聚會上碰面，席間點了一份琳達酷愛的麻辣小龍蝦。她拿起紙巾把口紅擦掉，毫無顧忌地剝了起來。熟悉後，她開始跟我聊起家常，說到她的出國求學經歷。

那時的琳達二十一歲，為了省下一筆昂貴的住宿費，從一個附有浴室和廁所的房間，搬去一個遠郊的偏僻老房子裡。她把所有行李塞進那輛掉漆的二手車，油門一踩，鍋碗瓢盆叮噹作響。

說到這裡，她大笑起來。

那樣的日子無疑是辛苦的，琳達一個人單槍匹馬，在熱躁的天氣裡摘過水果，在大雪天裡送過外賣，也在咖啡館裡連續八個小時地招待客人。

「幹什麼這麼拚？」

「為了留在國外讀書唄，何況大好的青春，讓人忍不住想要好好努力。」

我在她的杯子裡填滿酒，她接著說了一句：「你知道老乾媽配白米飯的味道嗎？那幾年我常吃。但那時的我，並不覺得生活苦。」

她說得那樣輕鬆，像是在說一段與自己無關的經歷，沒有一句對生活和命運的抱怨。她的姿態坦蕩誠懇，完全不像那些看見同齡女孩子揹著名貴的包包，擦著名牌的香水，便出聲抱怨。

但這些女孩子或許忘了，這世界上有很多東西都不可能一直陪著你，能給你一輩子安全感的，是你堅持不懈的努力，以及為夢想打拚過程中得到的經驗與品格的完善。

在《祕密》一書裡有這樣一個理論：你的能量都是從你內心發出的，因為來自於真我，所以能量就最為強大，產生的磁場或頻率就能引起宇宙共振，這就是心想事成的祕密，也即是所謂的吸引力法則。這大概就是，當你真心渴望某樣東西時，整個宇宙都會聯合起來幫你完成。

＊＊＊

有人總喜歡說：「我家境就是不好，我能怎麼辦？」「我們家本來就窮」「大家都是沒錢就湊合著過的」，或是「他過得好，還不是因為他有錢！」「我要是有錢我也能過那樣的日子！」乍一聽好像很有道理。

很多女孩子的邏輯是我過得不好，都是因為我不漂亮。如同很多男孩認為自己沒有出息，是因為家裡底子薄。

別人是怎麼過不重要，重要的是你究竟想過什麼樣的生活。你沒錢可以去努力，沒錢可以有追求。

所以，如果你眼下並不富裕，那麼你應該採取的措施不是自憐自艾、無奈地接受自己很窮的事實，而是需要想盡辦法擺脫窮的事實。

這世界上沒有什麼東西是專門為你準備好的，你自己動手創造的才能真正合心意。

別以為賺錢很俗氣，如果物質都得不到保障，你拿什麼談論你的夢想？坦白講，我們都知道努力了不一定會有收穫，但每一次的努力都是在給自己的未來累積資本。等到自身強大了，就不再怕跌倒，因為你已擁有站起來再奔跑的本事。

這世上很多東西都有保存期限，隨時都有丟失的可能，唯有自身的能力能帶給你真正的安全感，你不會因為沒錢而陷入窘境，因為你有賺錢的能力。你也不會因為買了心儀的衣服而擔憂下個月該怎麼過，因為你的能力能夠為你的消費水準提供保障。

女孩子為夢想打拚，努力賺錢的最大意義，不是靠物質包裝生活，而是在這段過程裡獲得了讓自己立足於世的能力。

不能靠爸，那就拚自己吧。畢竟窮不是你的錯，但一直窮下去，那就是你的錯了。

修圖能掩蓋你的痘斑，卻掩蓋不了你戶頭裡的寒酸

歲月是一台精準的計算器，它分毫不差地記錄著你的付出和努力，衡量著你的底子和實力，測算著你的分量和價值。

＊＊＊

上學時認識一位學妹，如今她面臨畢業就業。她面試的第一份工作要求她熟練運用Word、Excel、PowerPoint，應聘單位給她發了一份資料，讓她做成PPT。三天後，她打電話給我，支支吾吾地說：「學姊，我做得好像不大好，你能不能幫我看看？」

我打開之後，被晃得睜不開眼。她配了花色背景，五顏六色的卡通人物時不時冒出來，還有幾處明顯的錯別字。我幫她做了修改，並提醒她要多學習、多累積，掌握實在的本領。

過了一段時間後，我看到她發的朋友圈，圖文大意是：「明天正式到某外商做上班族，新的開始，為自己加油。」本想她人靚嘴甜，頭腦也算機靈，新工作應該會做得更好。

可惜半年後，她因為外文程度遲遲沒有進步，在各項考核中墊底而被淘汰，又逢房東來催房租。她再一次來找我，她說感覺自己跌落在了谷底。緊皺的眉頭和她姣好的臉蛋極不相稱。

其實坦白說，年輕的時候，我們誰不貪玩臭美呢？這些都是必須經歷的成長階段，但我還是給她講了多多的故事。

多多是我大學同學，來自農村的平凡女孩，父母是沒讀過多少書的工人階層。多多上國中後便跟隨父母去了城市生活，父母打工賺錢供她讀書，由於基礎較差，知識面窄，她的努力往往事倍功半。

多多是有些自卑的，因為她身材矮小，皮膚粗糙。每每聽到同學們在背後嘲笑她，都只能勉強擠出微笑，然後快步走開。多多告訴我，那時她抱怨過自己為什麼沒有出身在一個好的家庭，也難過自己天資平庸，她很不服氣。多多的父母曾經讓她輟學去工廠打工，但她不想過那樣的生活，她不想自己的未來像父母一樣清苦貧窮。

多多並不篤定只要努力就一定可以成為領獎臺上的第一名，因為她知道自己的起點太低。她只想比每一個昨天的自己更進步一點，只想用工作賺來的錢支撐生活開支，活得更自在一些。當然，她的種種努力也是為了在將來面對愛情時，自己能有所選擇，不必在別人的臉色下哀怨地過日子。

大學畢業後，多多選擇從事了對女孩子來說很辛苦的媒體工作。在冷風中和攝影組一起吃便當，熬夜完成稿件，偶爾還要幫燈光師舉燈，手臂痠痛到第二天抬不起來。即便是這樣，多多都沒退縮。

只有被貧窮狠狠地甩過耳光，才知道努力賺錢的意義，尤其對女孩子更是如此。

上週她打電話告訴我，她居然成為了別人眼中討厭的有錢人，那感覺真的特別棒，緊接著是她一連串「哈哈哈」的笑聲。

原來是主管看她勤奮好學，想予以她重任，將一檔重要的節目交給她來負責。這引起了同部門另一個女同事的不悅，私下說她一定是經濟寬裕給主管送禮了。這話傳到多多的耳朵裡，她不但沒有生氣，反倒覺得好笑。

多多說她開始工作後便很快明白了這個時代的殘酷競爭法則，為了不被淘汰，她一直都默默努力，提升自己專業水準。

多多的朋友圈，沒有嘟嘴賣萌，也沒有抱怨牢騷。她分享的大多是採訪時學到了新的內容，提交的某個選題得到主管認可，在聚會結識聊得來的新朋友。除了為父母添置物品外，她也開始注重自己的外在形象，每月定期去做美容保養，換季時添置幾件撐得起場面的高跟鞋與包包。

臉蛋不漂亮，身材不標緻，家世不顯赫的多多，不相信別人說的「你家境不好，拚不贏別人」「女孩子你再努力也逃不過洗衣、做飯的命」「別自不量力去和先天資質優秀的人競爭了，你哪有資本」。

如今多多再也不是當年的醜小鴨，她已經有資格和底氣隨時翻盤，隨時跳出現在的圈子，去見識另外一個世界的景象。

努力賺錢，就是女人的資本，即使不依附週遭的一切也不依附男人，照樣活得漂亮。

「我猜你已經很久沒有認真讀完一本書了，但能把宮鬥劇的劇情倒背如流吧。這樣下去，再過多少年，你的事業仍然不會有起色，你還是會為了房租而發愁。」

「哦，我知道了。」學妹忽閃著她的長睫毛，若有所思的看著我。

但我不知道，她是否真的明白。

＊＊＊

如今，各種美圖軟體、拍照相機橫空出世，每天點開朋友圈，都好像在看一場選美大賽：這個嘟嘟嘴、瞇瞇眼、剪刀手，那個吐舌頭、鼓腮幫……

真正的馬甲線背後都是揮汗如雨，緊緻白皙的皮膚都離不開內外兼修的調理和養護。真正自律進取的人，從不活在美顏相機裡。就像多多，我們唱KTV、聚餐的時候，她在苦學業務練習外文。我們叫苦喊累，總想著尋求捷徑的時候，她卻在孜孜不倦全力以赴迎難而上。

她的華麗逆襲，是因為付出過艱苦卓絕的努力。她不會浪費精力去修掉臉上的雀斑，而容貌和氣質早已在悄然改變。她不花時間去研究什麼長度的裙子可以顯得雙腿修長，但她所走的每一步都踏踏實實地踩在地上。

朋友圈當然可以容忍修過圖的照片，可生活卻不會容忍你見識的淺薄，能力的短缺，格局的狹小。而這些，比臉上的痘斑、腰間的贅肉、粗短的小腿更讓人不堪。

親愛的女孩，如果你有時間研究怎麼把自己修圖修得漂亮，不如拿出時間來研究怎麼活得漂亮。「一鍵美顏」的功能確實能瞬間把你十幾年流失的膠原蛋白全都補回來，但你銀行戶頭餘額顯示出的寒酸呢，它能幫你補回來嗎？

生活最大的公平就是我們最後過上的，都是與自己能力相對等的生活。這事，真的是什麼修圖軟體也幫不了你。

CHAPTER 4

生活很殘酷，你要比它更酷

每個人都為了少數的、短暫的美好在咬緊牙關。但是那些咬緊牙關的時刻，從不在朋友圈，而在占到生命百分之九十的，悶聲埋頭趕路的途中。

哪有什麼鋼盔鐵甲，只是懂得不必事事聲張

有些話憋在心裡，等一覺醒來，你會慶幸自己沒有說出口。

＊＊＊

前段時間葉子小姐失戀，於是整個朋友圈跟著遭殃，我不得不在被她洗版一週後封鎖了她。

我發則訊息安慰葉子，結果她打開了話匣子，將一肚子的苦水倒給了我。後來葉子感覺打字太慢，乾脆發語音，六十秒的語音，十幾則連發。一邊抱怨著前男友的無情，一邊念著他對自己的好。聽得我昏頭脹腦，幾次想打斷她，卻又不忍心。

她說：「我們在一起那麼多年了，打算明年結婚的。他說在公司加班，卻被我發現出去聚會夜不歸宿。外套上找到三根長頭髮，還有廉價的香水味。我忍不住大吵了一架，摔了他送我的手鍊。」

我說：「女人生來自帶福爾摩斯屬性，說謊和徹夜不歸都是他的錯，後悔的應該是

他。」

她說：「我是不是應該再問問清楚，摔東西也是我的不對，可他怎麼在聽到『分手』兩個字後，連句挽留的話都不說呢？」

葉子沙啞的聲音裡透著一股悲涼。從前的葉子，思維敏捷、理智果敢，文能妙筆生花，武能下廚切肉。

眼前這個歇斯底里的女人讓我感到如此陌生，我心疼她，卻不知怎麼安慰她。

電視劇《歡樂頌》裡的邱瑩瑩失戀時，每天神經質的樣子讓多少觀眾口誅筆伐，大呼「簡直不能忍」。大家反而更喜歡那個飛揚跋扈的曲筱綃，因為她從不逆來順受、自怨自艾，她是這「矯情時代」的一股清流。而在生活裡，我們大多數人都是被人口誅筆伐的邱瑩瑩，見不得失戀，更流不得淚水。

每次當我們站在局外看著劇中人物感情的兜兜轉轉，每當感情天平出現一絲偏差，我們的智商都會占領高地，給予他們正確的感情世界觀，梳理出愛情裡所有的紋路。可當自己成了故事的主角時，又偏偏失去了當初的勇氣，挺著臉迎著失戀的巴掌。

當你哭得像個傻瓜在別人面前博取同情，雖然大家會摸摸你的頭，給你倒杯溫水，說些不痛不癢的「暖心話」，但這又能怎麼樣呢？你因此被治癒了嗎？在若干年後，等你漸漸走出他的世界，有人提起你當年狼狽的樣子，或是你回過頭來看那段經歷，你會發現當初的自己真是又傻又矯情。

這個世界不缺少眼淚，感情的國度本就是杯盤狼藉，不差你這一個殘局。你不是悲情故事的主角，也不是永遠露半張臉的配角。

以前覺得任何痛都有治癒它的止痛藥，後來才發現任何的藥物都不如一個人安安分分地痛，然後坦坦蕩蕩地忘。

＊＊＊

昨天深夜朋友發來微信：我已經加班加傻了，現在準備回家。叮囑她要注意安全後，我翻開她的網路相簿。

照片裡的她倚著斑駁的老牆，對著蒼山洱海發呆，又或是揮著羽毛球拍，自信的臉龐上沾著汗水……這怎麼看都是個文藝又熱血的姑娘，好像無時無刻不是充滿著活力。誰又能知道，此刻她漂亮的臉蛋上掛著極不相稱的黑眼圈，在深夜的馬路上緊緊地裹著自己的圍巾。

生活常如此，朋友圈只甄選最上鏡的照片，像是你完美生活的剪報。在按下發送鍵的同時，那些幾乎完美的照片，已經替你把糟心倒楣的壞事一筆勾銷。

有人看著你的照片會說這個人過得真滋潤真瀟灑，然而實際上，你或許過得確實不差，但你絕對沒有照片上那麼輕鬆。你不過是把不好的過程，藏在了微信這個龐大的 App 搆不到的地方，然後一個人默默吸收。

生活畢竟不是糖罐子，在我們發出來的、那些小小的閃光點背後，是漫長的苦海。朋友圈照片都是真的，可是那不等於別人生活的真相。

光鮮亮麗的背後，你也曾熬過無數個不為人知的黑夜。沒人知道你一個人走夜路時的心驚膽戰，也沒人知道你熬夜加班時的辛苦，更沒人見過你深夜裡哭腫的雙眼。

有時候，真的覺得熬不下去了，只想抱頭痛哭一場。可是，你手頭上的工作還沒做完，你預設的目標還沒有實現，連人生都還沒有走過二分之一。

你知道自己根本沒有資格哭泣，因為眼淚是給勝利者的獎賞，而生活總有前途和希望。於是你只能對自己笑一笑，繼續埋頭趕路。沒有家庭背景，沒有驚人的智商，也沒有遇見什麼貴人，只是在真的努力以後，才會發現自己比想像中更加堅強。

或許每個人都不是表面看到的樣子，那些如同神一樣的高手，那些看起來總是贏得毫不費勁的人，都在你看不見的地方付出了很多努力，他們已經學會了不抱怨，把抱怨的時間用來做該做的事。在你被他們的光芒吸引的時候，不會看到他們熬夜的倦容。他們身上有光，是因為他們也默默扛下了黑暗。

每一句「我不怕」的背後都是恐慌，每一句「我很好」的背後都是心痛，每一句「我可以」的背後都是硬著頭皮；人生真苦，可我們總是要自己給自己打氣才行。

＊＊＊

雖然生活會讓你遍體鱗傷，但到後來，那些受過傷的地方，一定會變成你最強壯的地方，那些路上孤單寂寞的時光，都將使你變得更加強大。或許當你走完一段路之後回頭看，真正能被記得的事情真的沒有多少，真正無法忘記的人也屈指可數，真正有趣的日子也不過是那麼一些，而真正讓你畏懼的也是寥寥無幾。你曾以為不能揭開的疤，也許早已開出一朵花。

回想自己成長的那些經歷，那些曾持續數年裡每晚刻骨的痛苦、切膚的折磨，後來都能輕描淡寫的笑著說出來。當一個人發現，那些曾經讓人最難過的事，終於有一天可以笑著說出來時，便真的明白了成長的意義。要擁有為了夢想把穩定的生活折騰成一團糟的膽量，也要有一點點收拾好殘局的能力。承受命運每一個巴掌，哪怕被打耳光也要震得對方手疼才行。

能自己扛的時候別聲張，畢竟哭有什麼用，妝花了還得自己補。不如抱一抱自己，感謝自己路過的每一個寂靜黑夜，感謝在墜入黑暗冰窟的日子裡，你在自己的眼淚裡摸到過的溫暖。

每個人都為了少數的、短暫的美好在咬緊牙關。但是那些咬緊牙關的時刻，從不在朋友圈，而在占到生命百分之九十的，悶聲埋頭趕路的途中。

別在缺錢時才想起父母，他們不是提款機

對於不愛你的人來說，你的朋友圈不過是個秀場，但對於關心你的人來說，你的朋友圈就是你的生活。他不關心你在秀什麼，他只關心你過得開不開心。

＊＊＊

和桃子吃飯的時候，她說她媽媽突然給她匯了三千塊錢人民幣，讓她別虧待自己，買幾件好看的衣服。原因是她昨天在朋友圈發了一張聚會合照，旁邊別的姑娘個個花枝招展，只有她還在穿去年款式的格子裙。

結果她媽媽立刻就打來電話教育她：「你在外頭打拚不容易，又是個女孩子家。沒錢就跟媽說，知道你忙，先掛了啊。」半個小時不到，她手機簡訊提示帳戶活期存入三千元人民幣。

桃子說：「你知道嗎，我媽媽是個連網路銀行都不會用的人。她說我穿得沒人家漂亮，其實她根本不知道人家身上的 Burberry 風衣多少錢、愛馬仕的絲巾有多貴，她只是怕

我不開心。」

桃子是個貼心的女兒，朋友圈從來不封鎖爸媽，但從那以後她每次發朋友圈都會再三掂量。理由是不想爸媽因為一點小事擔心她了。

或許父母並不能理解，分享朋友圈很多時候是一種習慣和累積，讓不停歇的歲月有一刻的定格，讓時光記住那些灑下汗水的驕傲，和被路燈拖長又拉短的孤獨和落寞。

但就像那句話說的：父母的愛深情而緊繃，隨意散落的小情緒害得父母徹夜難眠，無心秀出的加班讓他們難過心疼，偶爾洋洋得意馬上被勒令禁止。哪怕是配圖，上面每一個細節都會被父母放大，並細細解讀。

關於這件事，有人這樣解讀：父母愛我們愛得深沉而熱切，他們看不得我們熬夜加班，見不得我們荒唐幼稚，希望我們活得像一支部隊，勝不會驕敗不能餒。他們很難站在朋友的立場看待我們，你若痛了，他們只會比你更痛。

於是很多人選擇了分組設定發文，分組可讀最重要的不是分組，而是那條可讀的資訊，在傳達著什麼。

＊＊＊

大學時隔壁寢室有位女孩，是個不折不扣的彩妝控。看她的朋友圈像逛商場一樣，CPB（Clé de Peau Beauté，肌膚之鑰）又出了什麼限量版，紀梵希 315 色口紅和聖羅蘭 52 色哪個更滋潤，購物車裡新加了兩瓶 Giorgio Armani 最新款粉底液等等。那些都是當時作為學生的我們，想都不敢想的品牌。

她嫌食堂的飯菜味道不好，每天中午去校門口的餐廳吃飯，下午還必定訂一杯十幾塊錢人民幣的珍珠奶茶外賣。那時候，我們認為她家境非常優越。

但是後來聽同學說，她家只是一個非常普通的家庭。她申請了學校的貧困生補助，再加上她父母給的一千元人民幣的生活費，仍然完全不夠。

她的父母據說就是非常樸素的人，手機是幾年前的款式。她的媽媽為了買到便宜兩塊錢人民幣的蔬菜，每天都要多走二十分鐘的路，去更遠卻更便宜一點的農貿市場。

可是，就在她媽媽為了兩塊錢人民幣繞遠路的時候，她卻在準備買一瓶兩千元人民幣的神仙水。

一個人想要過更高品質的生活無可厚非，但是當我們還是不能經濟獨立的時候，不該過度膨脹虛榮心，讓至親之人來負擔。

你活得光鮮亮麗，父母卻在低聲下氣，他們有義務撫養你成人，但並沒有義務為你的虛榮買單。

＊＊＊

前段時間和大陳聊天，他陪親戚家的弟弟去東京旅行剛回來。我問他玩得是不是很開心。他告訴我，其實這次日本之行旅途並不是很愉快。

他跟我講道，弟弟纏著爸媽要去日本玩，他媽不放心，便邀請大陳和弟弟一起去，並提出連同大陳的費用一起支付，但是大陳拒絕了。他的弟弟開始工作剛一年，家境不算富裕，卻有著揮金如土的本事。日本物價不低，一瓶果汁大概四十塊人民幣左右。

朋友問我：「弟弟因為口渴，不愛喝礦泉水，全天只買果汁，這樣的行為你能夠認同嗎？」

我沉默。

到了一定年紀，我們開始意識到物質的重要性，尤其是見到了越來越多生活富足的朋友，很多人不想被甩下，不然顯得自己多窮酸。於是肆無忌憚地買買買，化妝品一定要用一線的，酒店至少要住四星級的，衣服要買中高端價位的。

一個可以透過工作來養活自己的人，還有什麼臉面毫不羞愧地花父母的錢？你在春風裡驕傲肆意地揮霍，父母為了你在高溫下面朝黃土。

你狐假虎威地追逐詩與遠方，卻讓父母替你苟且。

＊＊＊

如果你和我一樣，出身於平凡的家庭，那麼你應該很清楚父母賺來的錢，沒有一分是容易的。

在網路上看到過這樣一段話：

當父母在烈日炎炎下滿頭大汗地從事體力勞動時，當父母在辦公室隔間裡腰酸背痛地從事腦力勞動時，你隨便一頓哈根達斯下午茶就消費掉他們一天的薪水，真的沒有一絲不安嗎？

你用 iPhone、iPad、Mac 包裝自己的時候，父母買個十塊錢人民幣的網路流量都要思量好久。

你一雙鞋就要幾千塊人民幣的時候，父母卻在穿著幾年前的舊鞋，他們不懂你說的品牌，你還笑他們落伍。

你的知識、素養、視野都遠超父母，因此嫌棄父母「沒見過世面」。

可你有沒有想過，正是這樣平凡的、在你面前甚至有些卑微的父母托舉著你到更高的地方，你才有機會看到了更大的世界。

比起父母的嘮叨，你更該在意的是你愛他們愛得太少。

希望下一次當你的父母再為你擔心的時候，你有底氣告訴他們，你工作順利，三餐按時，貸款能繳，喜歡的東西自己能買，以後的日子不必再操心你，讓你多為他們做一點事就好。

別在缺錢的時候才想起父母，他們不是你的提款機，他們的胸膛上有溫度，他們的眼神裡有深情。他們除了在電話裡嘮叨你兩句以外，怕也很難再從你的生活裡找到什麼樣的存在感了。

所以，那些細碎得有些惱人的叮囑，不過是因為那對笨拙的老夫妻想陪你走得更遠更久而已。

失去立場的心軟，是一種低智商的善良

無底線的「無私奉獻」會給別人一種把「幫助」當成了「義務」的錯覺。

＊＊＊

看過這樣一個故事。女孩A讀大學的時候，曾經和人一起合租，合租的女孩屬於嬌生慣養類型，據說在家過了十八年，連垃圾都沒有倒過。所以，從合租的第一天起，A就扮演起了保姆的角色。合租的女孩從不買菜、不做飯、不打掃房間、不洗碗，甚至不洗廁所。除了洗自己的內衣褲，她簡直過得像一個公主。

後來有一次A生病了，在床上躺了三天，那女孩就讓屋子亂了三天，第四天A忍無可忍地爬起來把屋子打掃了一遍，扔掉了所有的垃圾，洗乾淨了所有她用過的杯子和碗。兩個小時以後合租的女孩回家了，帶了外賣回來，吃完之後，照例把用過的碗筷堆在了洗碗槽裡。

最後，A還是忍無可忍地發了火，後果是之後的一個星期裡，合租的女孩四處告訴別人，A是一個多麼不近人情的人。大家的態度驚人的類似，「你看，她從小都沒有獨立生活過，長這麼大第一次離開爸媽，本來就方寸大亂。你從小就獨立生活，有嫻熟的生活技巧，應該對她多多包容，寬容一點，善良一點。」A感到特別委屈，卻又無力辯解。

心軟有時是一種不公平的善良，成全了別人，委屈了自己。

＊＊＊

前些年，公司裡有個部門的女孩在剛入職不久時，很多東西沒辦法獨立完成。她經常找同事Y幫忙，每次Y都是耐心教她，並次次幫她整理好。

這一次，這女孩希望Y幫她做一份比較複雜的表單，但剛好那幾日Y的一項工作正在收尾，非常忙碌，便首次拒絕了她，讓她嘗試自己去做，或者找別的同事幫忙。沒想到的是，平日裡嘴巴極甜，總是笑咪咪的女孩馬上變了臉色，說道：「每次都是你幫我，你讓我找誰去？」Y在氣頭上，再次堅決拒絕了幫助她。

在那之後，這女孩跟Y變得十分生分，並在其他同事面前說Y不願意幫助她。

想來想去，我們只是普通人，當不了無私的聖人，也當不了自私的惡人。但我們能夠給予他人的幫助終究是有限的，或許只有給予力所能及的善良，才不會給自己造成太大的負擔，也能夠讓有需要的人得到一些幫助，就應該是最好了。

其實，這樣的場景在生活裡很多見。

好比你去買東西，一個比你歲數大的人在你前面插隊，如果你和他爭吵，那麼可能就會有人說你斤斤計較，不吃虧。

好比你坐火車，一個老人提出要和你交換上下鋪的位置，你如果拒絕了，可能就會有人說你小小年紀不懂得敬老，這麼點方便都不肯行。

如果你過得還算不錯，而一個窮人侵犯了你的利益，那麼在你對他追究責任的時候，就可能會有人罵你為富不仁。

如果你的工作夥伴不負責任，給你造成了巨大的困擾，而你發洩情緒的時候，他抹著眼淚從你的辦公室裡一路飛奔出去，那麼不要半天，你「嘴不饒人」的名聲可能就會傳遍全公司。

＊＊＊

沒有人生性邪惡，每個人的內心裡都有純良柔軟的一面。可善良的同時，也必須要具備一些明辨是非的鋒芒，要認清事實真相，而不是為了證明你是一個善良的人，為了怕得罪親朋好友而被迫去幫助別人。

更多的時候，或許我們也要去想想這件事對自己產生的是怎樣的後果，和對方是不是真的很需要幫助。

幫助了特別需要幫助的人，得到別人的尊敬和認可，我們心裡會快樂，而對方也能夠度過難關，這樣的善良，才是真正可用的善良。

不要在意不在意你的人，不要考慮不考慮你的人，不要擔心不擔心你的人，不要花時間給不會為你花時間的人。那些為了害怕得罪別人，而迫不得已善良的舉動，我們真的可以擋掉，堅決 say no！

我想，善良是一種人生態度，這種態度關乎自己和幫助過的人都在其中獲得幸福與快樂。果斷捨棄掉我們不想要的，不喜歡的，讓生活變得非常簡單、純粹。

希望你的精力用來做對你人生更重要的事。封鎖一些人，不是因為小情緒，而是為了純淨美好的日子。

只有沒本事的人才愛耍任性

二手情緒對人身心的傷害比二手煙還厲害。

＊＊＊

睡前讀到一個故事。

女主角在電話裡如釋重負地告訴閨蜜自己辭職了。閨蜜簡直不敢相信自己的耳朵，因為實在是想不出她辭職的理由。

女主角是一家中外合資企業的白領，符合專業，工作能力強，薪水不低、福利不薄，每年還有十天年假讓她可以毫無顧忌地來場說走就走的旅行。這樣傳統意義上的好工作，她竟然說辭就辭了。閨蜜忍不住問：為什麼啊？

她說辭職是因為想要遠離辦公室裡的一個女同事。這位女同事長得高挑漂亮，大方熱情，工作能力又強，剛入職的時候很受同事們的歡迎。按理說，能與這樣的同事共事應該是件幸運的事。可這位女同事經常在辦公室內發脾氣、摔東西，儘管摔的是她自己辦公桌上的物品，但不時地唉聲歎氣、大驚小怪，實在讓周圍的人難受，常常因為她的自我宣洩，全辦公室的人跟著憂鬱一整天。

女主角說：「我真的不想每天在不良情緒中度過。辭職沒有讓我覺得可惜，而是突然感到很輕鬆。」

仔細想想，不管在生活中還是工作中，雖說每個人都有權利表達自己的喜怒哀樂，但我們卻是生活在大環境中，周圍有我們的家人、朋友、同事。沒有人願意一直做「苦難」的觀眾，這不是沒有同情心，也不是不關心你，只是對大多數的平凡人來說，全盤接受負能量並不是一件容易的事。

為了每個人的身心健康，理性地管好自己情緒是每一個成年人都該學習和做到的事。畢竟，生活那麼忙，你的情緒給誰看呢？對吧。

＊＊＊

言論自由的今天，我們在網路上看見這樣的一些人。

聊到政治，一大波熱血青年動輒殺伐決斷，恨不能黃沙百戰穿金甲，匹夫而為百世師。講教育醫療，又一波憤怒聲音凡事歸咎體制，哪怕自己毫不努力，也深覺理應得到公平甚至免費的優質資源。

不知從何時起，生氣、罵人、發脾氣搖身一變，成了一種堅硬的外殼，能徹底包藏敏感而易碎的內心。這是如今這個時代弱者最常見的處事方式。

這樣的人遇到麻煩時，他們第一時間做的，不是想辦法來解決問題，而是發脾氣去責怪身邊的人，責怪外界條件，還可能因為那個愚蠢的脾氣，使得原先可以輕而易舉地解決的問題，變得十分棘手起來。

有人出身平庸，或許很難富甲天下，但他們並不仇富。有人晉升長路漫漫，但他們不會去罵老闆。懂得世事人情的人，有自己的小確幸，看到別人晒幸福，也都是一笑而過。真正一點就炸的「火藥桶」，往往是那些最弱的人。

他們需要一個出口，來排解積壓的情緒。他們需要一個藉口，來撫慰潛藏的憤懣。往往這些發脾氣的人，親自證明了他們的智慧不足以解決所面臨的問題。

有人問一個作家：「您怎麼看待網路暴力？」

作家說：「不會很介意，畢竟都是些戾氣無處宣洩，又不知道如何與世界相處的可憐人。」

你看，那些容易被激怒的，大多是弱者。

＊＊＊

還有一種人，品性不壞，就是格局太小。越是格局小的人，脾氣越大。

春節的時候回老家，聽家人聊天說起村裡很多人因為家長裡短的小事吵鬧。表妹問我，為什麼那些人總是為雞毛蒜皮的事情爭吵，甚至大打出手？

我想，或許這與道德關係不大，也不能因為這樣就說那些人品德惡劣，而是因為這些人的人生格局太小了。

對於人生格局比較大的人來說，別人為之吵得不可開交的那些事，在他們人生中的占比不足百分之零點一，不值一提。但對某些人來說，這樣一系列的小事，占據了他們人生的百分之九十甚至全部。因此，當然有必要大動干戈了。

王小波說：「人類的一切痛苦，都是對自己無能的憤怒。」

這句話還可以反過來想想，人類的一切憤怒，都是對自己無能的痛苦。因此，告別壞脾氣的最好辦法，就是做個有格局、有本事的人。何況，壞脾氣最大的受害者，不是你發火的對象，而恰恰是你自己。

＊＊＊

沒格局的人，面對一些無趣的事情，比如人際關係中的種種矛盾、和伴侶家人之間的衝突，哪怕是雞毛蒜皮的小事，他們也喜歡「鬧大」，結果導致自己非常不快樂；但如果涉及到一些高尚又美好的問題時，那怕是「大題」，他們也只會「小做」。他們根本無法從中獲得樂趣。

相反，有格局的人都是怎麼做的呢？他們面對那些無趣、無用、無聊的事情，縱使是「大題」，也會給它化小。而當思考一些有意思的問題、做自己感興趣的事情時，卻會「小題大做」，將美好放大。

對於發脾氣這件事，我曾看過這樣一段文字，感觸頗深。

文中這樣寫道：所謂發脾氣，乃至吵架，雙方拚的都不是叫罵和咆哮聲調的高低，拚的是內在實力。本質上，是內在實力的一場較量。內在實力若達不到壓制對方的地步，這樣所謂的發脾氣只能稱作是一場色厲內荏式的聲色表演，娛人愚己而已。

大道理人人都懂，小情緒卻難以自控。下一次，當你想要發脾氣的時候，請試試深呼吸冷靜一分鐘。要知道，咆哮時咧開的嘴角跟你精緻的口紅一點都不配，你的眼角更適合微笑，而不是瞪得通紅。

當我們留心身邊不難發現，越是能善待自己、扶持他人的人，往往越是溫和陽光。只有那些不順不平的弱者，才會選擇憤怒。

希望你有小任性，也懂適可而止。希望你的本事，永遠大過你的脾氣。希望你活得像一株清麗的植物，用內心的豐盛溫潤，去包容去熱愛光陰中的每一個不愉快的剎那。

不管時光多寂寥，扛住了就能成長

心理學有個術語叫「灰姑娘情結」。美國作家柯萊特・道林解釋這種情結是出於「人們（多為女性）對於獨立的畏懼」。他們更傾向於用與其他人的關係定義自己，懷揣著找一棵大樹依靠的夢想，而怯於追尋內心真正的自我。

＊＊＊

如果你想問，什麼是一個人最好的狀態？

我想，那大概是，心中盛著遠方的時候不害怕前行，在外漂泊的時候不怯於艱辛，戀愛的時候全心全意，一個人獨處的時候享受孤獨，不拒絕溫暖，也不輕易依賴誰。你能夠允許自己不懂得他人，也允許他人不懂得自己；不試圖凌駕他人的意志，也不輕易投身於他人制定的標準裡。

我也曾迫切地想與一個人好好聊聊，不僅是寒暄，而是真正的交流，卻發現共同的話題更換了無數遍，熟悉的人早已不再擁有曾經的情懷，我被無數個「哦」「好吧」打敗。我終於明白，不合群只是表面的孤獨，過於依賴別人才是內心的孤獨。

後來的我更多的選擇沉默，獨處，安靜的生活，不是因為我不再年輕，也不是不愛熱鬧，不願傾訴，而是有些事真的說不清，也沒人懂，很多話到嘴邊卻不想說了，久了也就發現其實無關緊要。

越來越明白，不用到處宣洩情緒，這個世界上，寂寞的不只你一人，那些自己認為重要的心情，在別人那裡是無法真正理解的。

或許我們都忍受著孤獨寂寞，下雨沒人送傘，開心沒人可以分享，難過沒人可以傾訴……可人生不就是這樣，成長讓我們不得不學會獨立、獨處，用自己的心去感受。我們都會掉進這條叫作「孤獨」的河流裡，這不好也不壞。

但是，這個過程會很累很辛苦，甚至常常讓人失望。我們常會面對接踵而來的現實和困難覺得無力，而這也只是生活的一部分，做好我們能做的，永遠是最好的應對方式。總有一天，我們都將上岸，我們終會破繭而出，成長得比自己想像的更好。

孤獨和寂寞不一樣，寂寞會發慌，孤獨則是飽滿的，沒有任何事情會打擾，那是一種很圓滿的狀態。很多時候，我們都是獨來獨往的，沒有誰可以陪你走一輩子。

繁華熱鬧只是一種形式，歌舞昇平未必真的快活。所有對生命的探索、體驗、嘗試，其實都是很私人、很寂寞的事。寂寞與生俱來，孤獨也並不可笑。相反，孤獨是一種能力，是一種使人真正強大起來的能力，是一個人在經過歷練後的溫柔與一種無聲的優秀。

＊＊＊

世界上有許多這樣的人，他們大多有著自己喜歡的事情，知道自己想要什麼。他們知道有些事需要妥協，有些事依舊需要堅持。他們需要愛情，但也從不過分依賴愛情；他們懂得現實的重要性，但也不影響他們堅持自己的浪漫；他們孤獨，也會想有個人來陪伴，但從來不會匆忙尋找擁抱。

他們並不把愛情看成一種急需完成的試卷，而是一種讓自己人生更加完整的東西。如果它不能讓你比現在過得更好，那寧可不要。而當他們遇到讓自己心動的人，也會有足夠好的姿態出現在喜歡的人面前表白。

盡量不要把太多精神寄託在愛情上，要把更多期望寄託在自己的身上。期待著一段戀情能拯救自己的人，結果可能只會把感情累死。只有自己過得好，兩個人在一起才能更好。

無論你將來會遇到一個什麼樣的人，過上一個什麼樣的生活，生活都是先從遇到自己開始的。所以，不如就利用孤單一人的時光使自己變得更優秀，給未來的人一個驚喜，也給自己一個好的交代。

所以，即便你現在孤身一人，在堅持和將就中猶豫糾結。希望你能夠再堅持一下，先過好自己的日子，把自己變得更好，才能讓相同頻率的人看到。時間能讓你看清很多東西，更能將你變成更好的自己。

請你相信，一個期望從別處獲得安全感的人，一定會最終失望和痛苦。覺得自己缺乏安全感的人，總是在強調需要，總是放大自己的焦慮和空虛。其實你過得還不錯，只是矯情讓你看上去很脆弱。

安定的力量，你也可以自己給自己，一個人的時候，別被孤獨打敗，別向寂寞求饒，一個人也要像一支隊伍，堅毅而有力量，這樣的人，上帝才會看到你，才不會忘記把幸福分給你。

不管你現在是一個人走在異鄉的街道上，始終沒有找到一絲歸屬感，還是你在跟朋友們一起吃飯開心地笑著的時候，閃過一絲落寞；不管你現在是在努力著去實現夢想卻沒能拉近與夢想的距離，還是你已經慢慢地找不到自己的夢想了。還是要告訴自己，慢慢來，說不定，命運正為你重新洗牌；慢慢來，誰不是在跋山涉水之後，才漸漸有了頂天立地的胸懷？

「依靠自己」這件事是信仰，而不是雞湯。當你不再害怕一個人，不再盲目地喜歡，不再用哭鬧來解決問題，開始遵從自己的意願做自己需要做的事，學會尊重身邊的每一個人，面對得失變得大度、慷慨，開始有自己獨立的思想。那麼，獨處就變得充滿意義，成長也變得有跡可尋。

但願有一天，你可以無憾地和過去的自己說一句：站在熱鬧的人群裡，你曾經思念過，也曾經親身挨過寂寞和寒冷，你給予了自己依賴和力量，你就是我心中的驕傲。

所謂玻璃心，是你不願放過自己

成長初期的我們都有一顆玻璃心，害怕自己的缺陷遭到別人詬病，害怕被攻擊，害怕這害怕那。在越來越多的害怕中，變得敏感，變得小心翼翼自我約束，變得不能準確正視自己，故而活在別人的眼光中。

＊＊＊

下面這個故事，是我一位曾經有過同樣玻璃心的朋友告訴我的，她說這個故事改變了她。

小初出身在偏遠的農村家庭，高中時到城裡的學校就讀，她說那是她第一次見到城裡的女孩子，一個個像美麗的花蝴蝶一樣，豔麗、耀眼。穿著素樸，紮著馬尾，微胖身材的小初在同學中難免像個異類。

班上女生只要小聲說著什麼，小初都會覺得大家是在討論她。別人稍微說一句玩笑話，或問她家是哪裡的，問她要不要和大家跑步減肥等等，她就悶悶不樂好多天。對於這些，小初只是默默地藏在心裡。

小初真正的改變，是在她的父親來學校看望她之後。

那天父親帶著學費來學校找她，順便又塞給她幾個蘋果和家裡蒸的饅頭。幾個同學從旁邊經過，看了看小初和她的父親，然後一邊說著什麼一邊進了教室。

小初回到班級後，一直把頭趴在桌子上想努力平靜下來，卻感覺到周圍都是在譏諷和嘲笑她的聲音，震耳欲聾。陽光照在她身上，她感到的不是溫暖，而是灼熱。小初突然拍了桌子站起來，大聲地說：「你們不要欺人太甚。」然後哭著跑了出去。她把自己鎖在宿舍哭了一整天。

到了晚上，一位室友給她遞過來一杯牛奶，說了一句「其實我們在討論下週運動會的事，真的沒有在討論你」，小初愣住了。

自從那次哭過後，她再沒有哭了，她完全改變了自己。她和人說話時開始微笑著並注視對方的眼光，她開始減肥，開始買好看的衣服打扮自己，開始主動問同學週末去不去逛街，去不去圖書館看書。

她說那是她的一種釋放，也許那股玻璃心的態度鬱積心中太久了，她不能一輩子哀哀怨怨地生活，她只是想堅強、樂觀、勇敢的生活。

現在的她，雖說不上是成功女性，卻也能在生活中照顧自己，在職場中獨當一面，而且，她趕在所有朋友的步調之前，找到了一個在她眼中能保護她的男朋友。

大概每個人都會經歷一段動盪不安的破碎時光，那段時光裡有孤獨、迷茫、哭泣、傷心、壓抑，極度懷疑自己來到這個世界是為什麼，懷疑自己的能力、長相、身材、樣貌、家庭，甚至會想到輕生。但是，懷疑從來不會解決任何問題，只會讓人陷入爬不出來的人生沼澤地。

一生那麼漫長，我們以後還將面臨更多的孤獨、痛苦、恐懼，所以你現在就要開始練習自己「刀槍不入」的本領，並且努力克服自己的玻璃心。

生命中有很多糟糕的事情都是自己作繭自縛造成的，如果能把那些糟糕當成是磨礪自己的福祉，那麼你得到的是最寶貴的人生經驗。

每個人都有一顆玻璃心，晶瑩易碎，如果能狠狠地砸碎，放下軟弱，學會堅強成長，換成琉璃的、玉石的，或許更漂亮，而且更堅硬一些，敵得過生活時不時射來的冷箭，晶瑩依舊。

＊＊＊

人際交往中的玻璃心要不得，在愛情裡，敏感的人更加不容易幸福。

朋友丁丁，在一次同學的生日聚會上認識了做媒體宣傳的男朋友，兩人一見傾心，建立了戀愛關係。

丁丁在這段感情裡用盡心力，對方說不喜歡胖女生，於是天天在家裡跳減肥操；男朋友不在身邊的時候，手機就成了溝通的重要媒介。男朋友忙工作時，她就去看他的微博、豆瓣廣播，每句話都要反覆看上幾遍，心裡才會滿足。

但好景不長，沒過多久，丁丁就變成了不開心女孩。她會凌晨四五點發朋友圈，顏色晦暗的配圖，一段失落的文字；她說只要是男朋友沒有及時回覆她的微信，或是某一天少了一句「晚安」，她就一夜難以入眠；每當看到男朋友和其他女孩子的合照，她便會焦慮失控。因為這些，丁丁和男朋友鬧了一次又一次。

當丁丁在KTV一邊流淚一邊唱歌的時候，我們知道，她失戀了。

我們常常因為對方沒有及時回簡訊接電話，沒有記住自己的喜好，沒有提前準備紀念日，沒有跟自己解釋清楚某件事情的來龍去脈而生氣抱怨，其實不過是為自己找理由證明他愛你罷了。我們把自己的心騰了一大塊空間給那個人，花在愛裡的氣力可能不比別人少，只是那顆敏感的玻璃心很難填滿，最後難免親手為自己一直苦苦追求的回應畫上一個不甘心的句號。

源源不斷地猜疑兩個人的感情，在一次又一次證明裡讓彼此失去了信心。

一個敏感的人，大多數時間都不幸福，因為太過在乎。在乎對方眼裡的自己夠不夠好，在乎今天下哪一種雨，飄哪一朵雲，在乎哪一朵花苞待放，哪一棵綠草枯萎。

一段理智的愛情，是兩個人的時候有彼此，一個人的時候有自己。當那個人不在你身邊的時候，你可以更努力工作、看書、聽歌、種花、烹飪，你細心照料屬於自己的這片花園。當兩個人都自帶光芒，才能溫暖這段愛情。

每個人的生活都會帶著淺淺的瘀青，也正是這瘀青會讓你的心越來越堅韌。

玻璃心碎了，可以黏起來，日子要是碎了，才真的是虧了。

不怕你任性，只怕你沒有任性的資本

這個時代，從來不會因為你是女人而多一絲寬容，求上得中，求中得下，只求差不多，不會是得了，而是立馬沒了。

＊＊＊

日子真的是差不多就得了？好像並不是。

網路上一個網友訴苦：加班辛苦，深夜歸家，還要時不時聽到婆婆的抱怨。原來在很多人眼裡，一個女人，朝九晚五，下班若還順便捎回兩把菜，才是人間正道。

有位當紅作家說過：如今的女性不只要錢，是要尊嚴，是想買個名牌包的時候，可以自己刷卡不必伸手去討的自由感。害怕伸手去討，親媽也好，老公也罷，終有一天，會把自己的志氣和情分統統討絕。於是咬牙，越來越忙，想要擁有得太多，那就自己為這體面買單。披上這清冷衣衫，披星戴月出門去。

不要從二十幾歲開始，就過上每天複製和貼上一萬遍的日子。真正的工作是一場真愛，是你自帶光芒的粉底液，是你自主分泌的玻尿酸。它帶來的甜蜜感和滿足感，遠遠超過你為了見一個男人而盛裝豔抹等待的那種感覺。一個女孩子最大的安全感，是擁有雙腳踏實著陸，並隨時起跑的能力。

這世上，太多女人是在愛情裡長大的。但我相信，有些女人會在工作的浴火裡重生。要知道這世界不怕你任性，只怕你沒有任性的資本。

剛剛過了二十五歲的你，是否也開始被頻頻催婚，原本淡定的心被催得有些惶恐會不會變成老姑娘？於是把時間精力都用在一次次的相親中。

在我生活裡，這樣的例子太多了。單身不可怕，可怕的是把注意力放在了關注對方而不是提高自己，沒事的時候做做夢，幻想遇見一個有錢的高富帥嫁了，在一場又一場的相親中來回穿梭，很難如願。

是啊，除非你足夠幸運，遇上一個不嫌棄你能力平平又經濟條件普通，還能無條件給你提供富足優越生活的好男人。不然，比起「脫單」，你更需要做的是讓自己先「脫貧」。

＊＊＊

寶瑩在上大學的時候，同時打幾份工。別人的時間多到無處可用，但她的時間永遠不夠用。

上課、去圖書館、打工基本成了她全部的生活。她說父母賺錢特別辛苦，她不忍心花父母的錢，所以想要自給自足。

平日忙碌的她在週末也沒有留給自己太多的空閒時間。她小時候學過幾年古箏，有一點功底，所以就想重新撿起來，她笑著說：「女孩子多個技能總是好的，才不會顯得人很空洞。」

於是寶瑩的日常變成了不是學習就是打工，不是打工就是彈古箏。

也有同學勸她，幹嘛這麼辛苦呢？找個條件不錯的男孩子談個戀愛不好嗎？說不定連經濟問題都一起解決了。

寶瑩大笑說：「別鬧了，我沒有時間遇到王子啊。」

她的話讓我想起韓劇《灰姑娘和四騎士》裡女主角說的一句話：「灰姑娘哪有時間遇到王子啊，因為要忙著打工。就算遇到了，也有可能是個花花公子。」

對於灰姑娘們來說，有太多現實的問題困擾，你灰頭土臉地生活在底層，王子哪裡看得到你？就算看到了，你也承受不起一場身分懸殊的愛情。所以，還是把時間用在自己身上比較划算。

只有當你足夠優秀、足夠光鮮，才能吸引王子的眼光。當你有了與王子並肩的資格，才能談一場真正的戀愛，而不是依附於對方，靠對方改變命運。因為，能夠改變我們命運的，只有我們自己。

寶瑩如今在北京一家高等英語培訓學校當老師。照片裡的她，還是黑黑瘦瘦的，俐落的短髮超配她自信的笑容。

她說自己常常在深夜拖著疲憊的身體回到宿舍，但清晨醒來仍能滿血復活。她說她愛這樣充實飽滿的生活，愛學生一次又一次突破高分，更愛沒有白白活一回的自己。

有人說，每個平凡的女孩子，都想從灰姑娘變成公主。可是你必須明白，灰姑娘的定義是那些能夠逆襲成功的女孩。就像灰姑娘的兩個姊姊，每天花枝招展，拚了命地想要引起王子的注意，結果王子只對那個努力上進的灰姑娘感興趣。

當灰姑娘並不可怕，可怕的是你一直把自己藏在塵埃裡，不肯爬出來。人生最好的狀態，是在低谷裡努力拚搏，一點點撣掉身上的灰塵，給自己希望，給自己未來。

如果你的人生不能逆襲，如果你不給自己逆襲的機會，那麼，你頂多只是灰，而不是灰姑娘。

＊＊＊

二十幾歲是用來脫貧的，該讀書就好好讀書為自己拚個好的將來，該工作就努力工作為自身創造價值，唯有你好了，你才會遇到更好的人。戀愛和婚姻是水到渠成的事情，我們的最終目標不是結婚，而是不管結不結婚，都能過得開心。我們最終都想成為光芒四射的女孩，但是王子幫不了你，因為只有你光芒四射時，他才看得到你。

親愛的，如果你還在為找不到戀人而苦苦煩惱，何不去好好想想該如何讓自己先好好賺錢，早日脫貧，或者在你脫貧的路上，緣分正趕著南瓜馬車前來找你了。

當然，這個世界上一定有一批上帝的寵兒出生含著金湯匙，找得到有錢又可愛的伴侶，一輩子衣食無憂，應有盡有。

不必嫉妒，那是他人的福報。

低頭看看自己，若含的是鐵湯匙，走的是獨木橋，過的是大多數人的生活，你還在傻傻地期待什麼？我們所有的努力，都只是為了擁有掌控命運的權利而已。

等你的錢包裡塞滿了汗水所得的鈔票，買得起商場裡隨便一件喜歡的東西，簽下一份購房合約時，你會發現，除了物質以外，你還獲得了更舒心的生活。

不用常年使用最低廉的劣質化妝品，不用一談起旅行就冒出兩個字「花錢」，不用多年租住地下室，不用每天擠公車，不用面對心儀的人時，一想到窮酸的自己，而最終望而卻步。你可以把日子過成一本精裝的詩，時而簡單，時而精緻，只要你心裡高興。

任性可以，但你的能力要負擔得起自己的任性。

那時，當再有人問你為什麼還不戀愛結婚，或者質疑買一萬塊錢人民幣的包包是不是太奢侈的時候，你統統可以大聲回答說：「沒關係，我承擔得起。」

我並不想你成為一個金錢至上的人，只想你為了一份喜愛的事業，為一對操勞的父母，為一場純粹的感情，也為一個更好的自己而努力。

你要相信，無論到了什麼時候，愛和錢都能幫你撐住場子。

女孩，男人從來不會因為你有錢而不敢追求。相反，金錢只會幫你擋掉與你人生觀、價值觀、世界觀不相配的人。現實中的王子，從來都喜歡門當戶對的公主。

世界不同情眼淚，但承認你的努力

生活會用最殘酷也最真實的方式告訴我們，當我們非常弱的時候，別人根本不想瞭解我們身上其他的亮點。這個時候，壞人總在身邊。

＊＊＊

下班回到家，看到妹妹在微信給我的留言，每個字都能聽得到她的委屈。「姊，這是我的第一份工作，我真的做得特別用心，可還是不容易得到主管的認可，而且同事們好像都不太喜歡我。你剛開始工作的時候也是這樣嗎？這個社會上壞人真的特別多嗎？」

我一時不知該怎麼回答她，想告訴她人間的確險惡該處處提防，又不想打破她對生活美好的想像。我和身邊的朋友們也曾有過這種滿腹委屈傷心流淚的時刻，就如同我妹妹此刻對人性的失望，覺得社會是個到處是坑、野獸出沒的森林。

我的朋友娜娜在四年前剛剛成為辦公室新人的時候，幾乎每天都要在通訊軟體上向我訴苦：誰在主管面前詆毀了她，誰又欺負她端茶倒水，又或者讓她幫忙做份外的工作，結果午飯都顧不上吃。

可是她每次發洩完情緒後都會說一句：「這份工作考上不容易，我不能辭職，我可是一株御風而行的九死還魂草。」然後繼續看跟她業務相關的書。

四年後，娜娜的公司以各種理由把大多數女員工辭退，娜娜憑著扎實的業務能力，成為留下的為數不多的女員工之一。辦公室新人每天為她備好一杯茶：「娜娜姐，你看這個表格怎麼做？」有時留下來加班，有男同事獻殷勤：「小娜我送你回家啊！」她輕輕地笑：「謝謝，不用了。」轉身鑽進白亮的轎車裡，瀟瀟灑灑地開走了。週末時她依舊偶爾去加班，為了自己的團隊和業績，再沒有人把厚厚的一疊資料丟在她桌角。就連主管在批評下屬時，最後都不忘加上一句：「你們都跟小娜學學。」

娜娜說：「你看，社會多現實。」

同樣的四年前，朋友阿蘭畢業後追隨男朋友回到他的家鄉，整整半年找不到適合自己的工作，在家中整日穿著睡衣，看肥皂劇，吃洋芋片，偶爾投投簡歷，完全沒察覺自己已經胖到了巔峰狀態。

安逸的生活讓她忽略了男友嫌棄的眼神，直到有一天這男人換上一副冷漠的表情，向她坦白自己喜歡上了另一人。阿蘭所有的財產不過一只行李箱，她哭著挽回這段感情，可男朋友依舊冷眼看著她。阿蘭說，那天晚上她站在人來人往的街角，感覺自己像是這個世界的棄兒。

四年後，她在那個城市已經扎了深深的根，把分手後的全部時間都投入職業生涯建設裡，終於發現工作比愛情來得可靠。她沒有了看肥皂劇的時間，只肯把時間用於健身房和游泳池，身材好得不亞於瑜伽教練，在同學聚會上讓大家驚訝地認不出。

聚會期間，阿蘭小聲跟我說，當年的男朋友來找過她。

「那你怎麼回覆他的？」

「我告訴他，我已不是當年那個不能沒有他的人了。」阿蘭笑著與我碰杯，她自信的笑容比那杯裡的紅酒還要迷人。

＊＊＊

我喜歡的一位青年作家在她的書裡記錄過這樣一段生活。那時她辦理出國手續，一副學生的青澀模樣，穿梭於各個公證處，在擁擠的人群中低聲下氣地求著辦公人員。總算出了國，生活也沒有讓她輕鬆地過，她以一個典型無依無靠的中國人著陸的姿態，半懸空地過日子。沒有綠卡，為攢學費在華人開的中餐館打工。因為經濟拮据，吃泡麵住最廉價的房子，不肯坐公車一個人下狠心走夜路，只聽見「這麼辛苦還出什麼國啊」的尖刻嘲諷。

她像浮萍一般，沒有抓牢的依靠，每個晚上擔憂著明天，這生活中意外發生的每一件事，都如驚雷一般破壞著她的生活。

幾年後，她終於在國外扎根，結束漂流的生活。

她一個人跑到陌生的城市創業，穿梭於政府部門和搜尋新生意的路上，做自己的老闆、工人與會計，郵件裡塞滿老移民的問候與諮詢。她住在露營車裡，閒時寫字旅行，如今成為暢銷書作家，是眾多青年的勵志榜樣。

從前，我也質疑過人性的殘酷，卻發現這質疑是無力的。好像生活每達成一個新的高度，彷若身邊就減少一個壞人。

找到一份體面的工作，那些說著「沒有背景的小女生出去容易學壞」的人不見了；經濟條件改善後，那些說著「都這麼不容易了，怎麼還不找男朋友啊？」的人不見了；換了好的居住環境，那些說著「這麼便宜的房租你還要天天洗澡？」的人也不見了……

有段時間，朋友圈裡曾瘋狂轉發過一段文字：生活中有那麼多我們看起來春風得意的人，我們常常以為他們是幸運，可沒有人知道他們用了多少年的時光來打磨弱小的自己，變成如今光彩奪目的一個人。

就像沒有人關心的娜娜，四年裡熬了多少夜準備一份份資料，也沒有人知道阿蘭是如何拚命賺錢，以及把別人用來玩樂的時間花在了健身房……我們唯一能看到的是她們對身邊的人似乎特別友善平和，這世界對她們來說沒有苦難、沒有艱難，只有溫柔與浪漫。

＊＊＊

職場和生活都是殘酷的，這裡不分男女，只分強弱。

一個人，唯有強大，才有選擇的權利，才有被重視的資格，才會做出最有力最有尊嚴的反擊，否則，弱小的你無論逃離到世界的哪個角落，都會發現那裡的壞人特別多，而且偏偏會針對你。

我看了一眼時間，妹妹大概已經睡了，我刪掉了之前寫下的長篇大論，只留下這樣一句話，「如果你不對自己狠一點，那就只能等別人對你下狠手。」

我不知道這簡短的一句話能否安慰帶著失落入夢的她，這幾個字看起來冷冰冰的，卻是如今我能教給她唯一的生存道理。

在成長的路上，沒有人一下子從平地躍上山頂，都是做了萬全的準備，再經過漫長的攀爬。要走的路，一步都不能省，一步也不會少，他人如此，你亦如此。

認清自己才是走出迷霧的關鍵，當你終於沿著自己的路前行，才終會遇見更好的自己。那一天，你知道並且堅信自己有多好，不虛張，不浮誇，內心明明澈澈地知道：是的，我就是可以變得更強。

這世界或許有些世俗，還帶著功利，但幸好它承認每一個人的努力。堅持不懈的變強之後，願你終會以毋庸置疑的姿態，讓那些曾經不可愛的人，對你變得越來越友善。

現實這麼殘酷，哪有時間裝無辜

所有人都希望自己變得更好一些，只是有些人的這一願望更為強烈，而有些人假裝自己痛恨現狀，卻不願去付出、去改變。其實，這不過是一個魯蛇給自己套上的烏龜殼，用來遮掩自己的無能與懶惰罷了。

＊＊＊

沒有一個女孩願意成為一個胖子，但出於坦誠面對自己的原則，我必須承認過去的自己的確是個胖女孩。

那時候，我眼看著自己的體重從五十二公斤漲到了五十八公斤，雖然明知道體重增加了，卻從沒認真的採取過什麼行動去控制，而且每當我嚷嚷要減肥的時候，身邊都會有一群人跳出來安慰：「你不胖啊，現在這樣就挺好的。」

人就是很容易被周圍的環境洗腦，當身邊人都說你瘦的時候，哪怕你已經是個胖子了，卻還會傻傻的以為自己瘦著呢。

直到有一天我翻出前一年買的短褲，發現就算吸足了氣都扣不上鈕扣的時候，我才終於意識到：的確是該減肥了。

我沒有選擇過度節食或者服用減肥藥，而是辦了健身卡。

一次，在我旁邊跑步上的是一個身材超好臉蛋超美的女孩，人很熱情，主動告訴我各種健身器材的用法，還教了我一些運動要領。我問她，身材這麼棒，健身多久了？她笑了笑，掏出手機，指著螢幕保護程式上的照片對我說：「這是一年前的我，七十五公斤的大胖子。」

我被這照片與現實的強烈反差驚得目瞪口呆，照片裡的她不僅胖，而且皮膚粗糙，臉上的憨笑讓她顯得傻傻的。

她說：「我健身之前真是醜爆了，整天被周圍的人嘲笑，一聽到『胖』這個字就心虛得抬不起頭。後來覺得，活一輩子要是從來都沒瘦過那該多可悲啊。最重要的是，我真的不喜歡穿大尺碼衣服的自己，臃腫得沒有一點靈氣。」

「原本我以為胖就是我的命運呢，直到後來發現體重真的在下降，我才相信，原來我也可以瘦。說來奇怪，健身後皮膚也白了很多。」她一邊說一邊擦著額頭微微滲出的汗珠。

我忽然想到一句話：「很多事不是因為看到希望才去堅持，而是堅持了才看到希望」，也許有人會覺得這話很雞湯，但也有人用實際行動證明了它不是騙人的。

生活中我們常聽到這樣的話：

「我這份工作已經做了五年，想辭職但是又擔心……」

「和老公的感情已經接近冰點，到底該不該離婚……」

「我想要創業，家人和朋友都支持，可我心裡發慌……」

你不知道離開對不對，不知道改變對不對，你害怕自己承擔不起錯誤選擇的後果，可是沒人能給你指一條完全平坦的路。

當你對現狀感到厭惡，對當下的自己不滿意時，要麼逆襲改變，要麼苟且忍耐，除此之外，別無他法。

＊＊＊

很多人都聽過電視節目《超級演說家》中黃小胖的故事吧。

黃小胖說：「我想當演員，可是爸媽反對我考藝校，所以我就選擇了跟演員最近的工作。」

在我們看來，化妝師是份光鮮亮麗的工作，每天跟明星相處，開口閉口都是奢華大牌，化一次妝就收入高達千元人民幣，可是這份工作對她而言，依然不過是「離表演最近的工作」。

有一天，當她看到一個很漂亮的女演員在片場跟導演撒嬌抱怨演戲辛苦的時候，她的腦子裡忽然冒出一個念頭：「如果我有你這樣的機會，我願意犧牲所有。」她說，當這個念頭冒出來的時候自己也被嚇了一跳。

原來，夢想這個東西只是被壓著，它不會消失的。內心裡那種強烈的渴望一直都在，只是不願面對，因為連自己都認定它實現不了。

化妝師在拍片現場是非常神氣的，很多人會對化妝師說：老師這邊請，這邊給你化妝行嗎？

那臨演呢？臨時演員是「你，就是你，你從那邊走過來這裡。」「請問一下，我帶著什麼樣的心情走呢？」「廢話這麼多，你就是從那裡走過來這裡就是了。」

可是，她真的很想演戲，哪怕作為臨演在片場被人呼來喝去，哪怕連劇本都看不到，哪怕一個月的收入都不一定有化妝師一天的多，她也願意用現在擁有的一切去換。

六十歲的時候，你會驕傲於在別人眼中風光無限，還是傲嬌地說一句「我可不是一個沒有故事的老太婆哦！」

我們都知道，這個世界上有一個標準是社會的、別人的、立足於現實的，但也有一個標準是自己的、內心的，取決於自我認可的。

我們除了應該考慮如何讓社會和他人滿意之外，是不是還應該關注一下自己的內心是否滿足？

一個真正懂得生活，真正疼愛自己的人，不會無視自己內心的真正渴望，會為自己勇敢地做出改變，而只有內心的滿足才是真的幸福。

＊＊＊

關於理想與現實的話題，雞湯和勵志美文不知探討過多少次了，其中我最喜歡的是這段的觀點：許多人覺得職場中的很多法則都與自己做人的原則相抵觸，所以就名正言順的消極怠工，而且對別人在職場中的努力不屑一顧，卻不相信這真的是別人口中的「幼稚」。

整天幻想著可以不用工作，去做自己喜歡的事，比如養養貓，開個清閒的花店，每年出遊幾次。

試圖以「情懷」的名義逃避自己該承擔的責任，甚至抱怨工作占去了自己大部分的時間，生命在被無意義的浪費。

總是有人抱怨自己不夠漂亮，抱怨個子太矮，一胖又毀了所有。又覺得家境不夠富有，否則哪還需要每天起早貪黑的工作，早就可以去做任何自己喜歡的事了。

然而，不是所有的醜陋、失敗、窮困都可以歸罪於命運的，這其中更多的是我們自己不努力的結果。

那些能夠在自己領域有著小小成就的人，他們只是知道自己想要什麼，並選擇了為之負重前行。

而那些碌碌無為卻抱怨不得老天憐愛的人呢，不過是他自己選擇了安逸罷了。命運不值得抱怨，也不要一味的仰望別人的成功，要直面自己想要的東西。人生越到後面，改變越難。在仍可選擇「試一試」的時候，勇敢一次。畢竟誰知道以後還有沒有機會呢？

CHAPTER 5

香水我自己買，你給我愛情就好

真正愛你的人，會讓你住進他的日常，保護你的天真。彼此的過去沒來得及參與，但未來的計畫裡一定會有你。他不是為了愛你而來到這個世界，但會因為你，覺得不虛此行。

沒有不可治癒的情傷，只有畫地為牢的自己

人們常說深情從來被辜負，只有薄情才會被反覆思念。可惜我的朋友們都是觀念端正、對愛認真的人。所以，難免躲不開被辜負的命運。

＊＊＊

周同學喜歡上同校的一位女神小姐，策劃了一場表白儀式，女神小姐很驚訝，但又什麼都不說。周同學沮喪了幾天，但很快調整了自己的狀態，一副並不打算放棄的狀態。

於是，周同學將莽撞的告白變成細水長流的追求，每天早上都會給女神小姐帶早餐，每逢節日都送花。知道她喜歡香水、彩妝，就拜託在國外留學的朋友帶回。

女神小姐明明知道周同學對她那點路人皆知的愛慕之心，依舊不動聲色，一派天真懵懂地接受著周同學對她的好。在他快要放棄的時候就撒個嬌，在他試圖發起攻勢的時候又若即若離委婉暗示「我們大概只能做朋友」。

周同學為此痛苦萬分，深夜拉著我們幾個買醉了很多次。最開始我們還勸他「天涯何

處無芳草」，後來實在沒了辦法，便任由他自生自滅吊死在女神小姐這棵樹上了。

一日，女神小姐失戀了，給周同學打電話，想找人陪陪她。周同學花了兩天時間，陪著女神小姐逛街、逛公園、逛遊樂場散心。女神小姐哭訴前男友負心，然後眨著淚眼看著周同學說：只有你對我最好。

那天，周同學激動得凌晨還是睡不著，發簡訊給我：我覺得，這次我有戲。

我沒搭理他，他乾脆把電話打過來，還是那句話：我覺得，這次我有戲。

我睏到幾乎無力地回他：那恭喜你了。

幾天後，周同學打算再告白一次。

他興沖沖地買了一大束玫瑰等在宿舍樓下，卻看到了在前男友懷中眉目溫順、笑容甜美的女神小姐，那是周同學從未見過的百般溫柔。那溫柔像是一把刀，扎進周同學的心裡，深不見血，卻刺痛得難以復加。

是的，女神小姐和前男友和好了。

女神小姐緩緩走過來，跟男朋友介紹：這是我大學同學。

周同學啞然失笑。

周同學又在學校門口的燒烤攤買醉。

一個朋友多喝了幾杯，大吼道：「這女的簡直是白眼狼！」

周同學悶聲回答：「那些都是我自願的，不怪她。」

最後我只好對著周同學嘆氣。

他愛她，他捨不得她受一丁點委屈，在他能力範圍內給她最大程度的照顧，也祝願她能和理想中「對的人」在一起，所有的一切都是他自願的。

女神小姐顯然是不愛他的，或許在某些瞬間也想過讓這個溫暖的大男孩走進自己的心，但最後，行為只能跟隨內心真正的渴望走，不愛就是不愛，成噸的感動也換不出一丁點的愛意。

人類有三件事沒辦法隱瞞：咳嗽、貧窮、愛。越是隱藏，就越是欲蓋彌彰。但實際上，還有一件，那就是不愛。

＊＊＊

秋微對我說：沒辦法，我就是沒辦法忘記他，怎麼也做不到。

讓秋微無法放下的，正是她相戀三年的男朋友。

爭吵、冷戰、和好的戲碼重複上演，每次說算了吧分手吧，但就是忘不掉他曾經給予自己的那種感覺。爭吵和等待，成為了秋微的家常便飯，看著手機裡只有自己不斷發送的簡訊，卻收不到一則回覆，她的心也在慢慢冷了下來。

我對她說：「或許他心意已經變了。」

秋微問：「不愛了為什麼不簡單明瞭的說出來呢？」

我說：「大概是不忍心吧。」

秋微說：「不行，我要再試試。」

漸漸地，秋微變得小心翼翼和百般遷就對方。

這場愛情最終以男孩的坦白作為了終結，他說心裡已經沒有她了。

秋微去男孩的公司堵人，男孩避而不見。幾個朋友趕過去的時候，秋微一身酒氣，呆呆地坐在噴泉邊上，旁邊散落著幾瓶易開罐。我趕緊跑過去，扯下圍巾給她戴上。

我吼她：「你到底在幹什麼？你以為你這樣就有用了是嗎？」

秋微哇地一聲哭了起來：「為什麼啊？憑什麼啊？」

我抱著她，對她說：「沒有為什麼，就是他不愛你了，你怎麼沒有察覺呢？」

秋微說：「怎麼會沒有察覺，我蒙上了眼睛和耳朵，不去看不去聽，我以為能騙過自己。」

我們之前認為要麼是這個男人太混蛋，利用秋微的愛，要麼是這個男人太懦弱，怕傷害到秋微而不敢拒絕。當秋微徹底失戀之後，我們才明白了，原來還有第三種情況，是秋微自己不想清醒過來。

我們都曾以為只要用真心就可以感動一個人，你一頭栽進去，開始追逐，也開始了在愛情裡流浪。你愛的人，並不愛你啊，你卻句句都是我願意。可是到最後，也只是感動了自己，打擾了別人。

盲目地喜歡一個人是一件瘋狂的事，但瘋狂過後，是不是該回頭疼愛自己呢？

＊＊＊

璿子對我說：「學會放下，這句話說來簡單，可做起來卻實在太難。」

她問我：「你有沒有試過愛一個人，愛到因為他喜歡綠色，於是你的床單也成了綠色，毛巾也成了綠色，香皂也成了綠色，連看到綠色衛生紙的包裝，都會不假思索買下。可是，卻不敢穿一條綠裙出現在他面前。」

「為什麼？」我問。

「笨蛋，那樣的話就太明顯了。」璿子的臉上有著難掩的悲傷。

璿子陷入了回憶，又慢悠悠地說：「我第一次遇見他的時候，他穿了一件白襯衫，帶著淡淡洗衣粉的味道，眼神卻特別有神，透著光，連微微皺著的眉頭都那麼迷人。」

她自顧自地說，哪有一開始就知道自己是備胎的呢，都是後來發現的。

我問她是怎麼發現的？璿子沉默。

我忽然想起曾經看到過一句話：「所謂愛，就是給了對方傷害自己的特權。」

那是個很普通的男孩子，還有一點過分消瘦，可是在璿子眼中，他帥得和吳彥祖不分上下。

璿子說他是自己的藍顏知己，他倆常常標榜這「別樣的友情」。其實這並不是什麼值得炫耀的友誼，其中有一條線是不能去觸碰的，這一點璿子再清楚不過。

一起出去聚了幾次，所有的人都感受到了，璿子和他，一個在拚命靠近，一個在小心後退。他從來不去拒絕，只是所有的表情和小動作都出賣了自己的心。

璿子為他夾菜，他略顯尷尬。

璿子幫他整理衣領，他向後閃躲。

璿子想與他合唱情歌，他藉口嗓子不舒服推脫。

抱著期望的璿子等來一次次的失望，這份單向的喜歡，哪怕從未擁有，也不想失去。

後來璿子說她累了，那份虛假的友誼幌子撐不住了。

周同學說，折騰了那麼久，只換來一句我們是同學。

秋微說，卑微到塵埃裡，也沒能留下他。

璿子說，備胎了那麼久，到頭來不過是一場夢。

不愛你的人你感動不了，裝睡的人你叫不醒。

你一定要明白，他不是不懂得愛，他是根本不愛你，他不是裝睡叫不醒，而是不想被你叫醒。愛有時很奇怪，它與你是否優秀，沒有關係。

以前璿子很喜歡《真愛挑日子》這部電影，因為它給了觀眾一個備胎二十年終成正果的美好結局。那時候的她看一遍哭一遍，倔強地幻想著也許有一天，對方能明白最愛他的人是自己。

很久以後，我與璿子重溫了這部電影，結局是兩個人雖結婚生子，最終卻是陰陽相隔。我突然像被驚醒了一般說：「璿子你看，備胎到底，也沒有太好的結果。」

璿子笑笑說：「過去了這麼久，如今想想，我還是不後悔曾經付出過。」我看著璿子晶瑩的眸子，溫和、平靜，那一刻不知為什麼，我特別想哭。

用盡全力地愛過一個人，也不顧一切地爭取過讓他愛上自己，不論在那裡經歷多少傷心或多少恥辱，不論是蠢得很熱烈還是聰明得很寂寞。

但凡發生的就是應該發生的，但凡經歷的，只要當時甘願，就是好的。

就在剛剛，我發簡訊給這三個朋友：「你們當年的暗戀糗事被我編進書裡了。」

周同學：「哈哈，當時年少，不過能給你做素材也是不錯的。」

秋微：「記得把我描述得端莊迷人一點。」

璿子：「看好你哦。」

我想我的朋友們已經從那段「丟臉」的日子走了出來，或許結成了一道疤痕，但真的已經不痛了。

也許在別人的眼中，他們曾是傻呼呼的一只備胎，被利用，被敷衍，但對於過去他們從來不曾後悔過。

＊＊＊

一個人喜不喜歡你，有沒有用心，其實是可以感受得到的。喜歡是一種特別的情感，強度和濃度都是不同於其他普通人際關係。

只是有時候我們假裝感覺不到，習慣欺騙自己，即使住不進他的心裡，還死賴著不走，一遍遍試圖突破那層圍牆，可眼看他把牆砌得更高。

其實有許多感情從開始到結束，不管結果如何，只要有過那種讓自己心靈為之震動的感覺，這本來就是一種幸運。

畢竟曾經交換過彼此的快樂和寂寞，畢竟曾付出真心地去愛過一個想要愛的人。

人世本無常，但請你始終相信當初說出它的時候是發自內心的，在一起過的日子，都如珍珠般晶瑩，可以照亮今後孤單的路。

若能好好相遇，好好告別，已是對彼此最大的祝福。

真正的認真和用心是什麼？

是願意花時間花心思在你身上，把你放進他平淡無奇的生活和未來裡，是舒服自然的狀態，不急著離開，願意慢下來，和你一起消磨人生。

希望你見過很多假意和真心後，仍然知道自己想要什麼。

希望你聽過很多喜歡和再見後，仍然相信愛情。

你是很好，但我也不差

當我們十八九歲的時候，總是相信未來會有人披荊斬棘，像王子殺死怪獸後出現在自己面前，雖然腳步疲軟但眼神裡漾滿了溫情。

後來，我們在世事裡跌跌撞撞，才明白指望別人來改變自己的世界，那不美好，並且可怕。

＊＊＊

太多女孩子問「好老公在哪呢？」，也有人感嘆，找個好人嫁了，比考學位、找工作還要難！不只一個人對我說過：「你怎麼還不結婚，再等下去，好男人都被搶光了！」

但我的身邊也有這樣一種女孩，她們完全能夠把自己的單身生活過得十分華麗精彩。就像我的那位朋友，作為一個到了「三」字頭年齡的單身女性，她過的日子卻讓人十分羨慕。

出國五年內她修完了碩士學位，得到一份穩定的職位，薪水可觀，存下一套小房子的頭期款，位於風景秀麗的街區，有種滿鮮花的陽臺和裝飾得高雅得體的大客廳，從那裡望得見翠綠的山尖，去海邊也就只有五分鐘左右的車程。

在那些小情侶會牽著手出門的豔陽天裡，她會一個人到海邊游泳，會獨自去登山、拍照，或者約上一些朋友一起去公園裡燒烤野營。她很自制，對未來很有計畫，每一年都能穩穩地把生活提升到一個新的高度。

平日裡，她健身、讀書、注重保養，定期上瑜伽課和烹飪班，偶爾還獲得雜誌的攝影獎項，她的個人社群網站上的旅行日記被很多粉絲追捧。

這位姑娘保持著二十來歲女孩皮膚的緊緻光鮮，修煉著不輸給二十歲女孩的身材，卻擁有著二十歲女孩想像不到的事業和財富，她渴望愛情卻從不心急，依舊是少女的心態和姿態。

有人曾經問過她：「像你這麼好、這麼懂得享受生活的人，會有人催婚嗎？」她不慌不忙地說：「不熟悉的人都在催婚，熟悉的人卻沒有一個人在這樣做。」

像她這樣的一個好女孩，比大多數結了婚的女孩過得還要好，催婚對於她來講，又有什麼意義呢？那些能夠有事業去為之努力，有獨立堅定的性格，懂得享受生活的女孩子心裡從來不慌張。

當你擁有自己的生活目標和生活節奏，那麼，一個人的日子，其實並不會過得比兩個人的生活糟。

大可不必用比較激進的方式，去回應不管出於何種目的和形式的催婚，關心也好，諷刺也罷，因為這都從另一個方面證明了一點：我們當下的生活並不令人羨慕。

回應這種態度最好的方式，就是用越來越好的生活向別人證明，自己配得起更好的人。愛是生命裡最珍貴的體驗，我們一定會讓最好的自己，站在最登對的人身邊。其實，生命中的一些人，如果命運讓你們晚一點遇到，這樣未嘗不好。

那時候，你們應該已經各自磕磕絆絆走了很遠很長的路，已經在足夠長的歲月裡，漸漸變得足夠美好，懂得包容和體諒。

那時候，你們已經成了那個一旦牽起了對方的手，就懂得互相珍惜的人。

那時候，你已經不再會仗著對方的喜歡就亂使性子，不會再心高氣傲，以為就算錯過了誰就總還會有別人。

如果遇到了，你可以對身邊的那個人說：「我們相遇時，或許晚了一點，慢了一點。但是沒關係，我想把這樣的自己，修煉已久的、更好的自己，交給你。」

對於很多人而言，愛情本就是件寧缺勿濫的事，急不得。有愛情，便全心對待，沒有愛情，也一個人愜意。

＊＊＊

期待愛情沒有錯，只是在那個人到來之前，你要做的就是先替他照顧好自己。即使你是一個人，也可以有五光十色的生活。一個能給自己提供正能量的人，一個能溫暖自己的人，才能不憂不懼。至於以後，那是個未知數。

愛情，有時會姍姍來遲，但走得慢、來得晚都沒關係，只要它是真的。而所謂的好運氣，其實更像是一個副產品，只有當你單純地不帶任何私心雜念的時候，它才肯降臨。

學會一個人生活，不論身邊是否有人疼愛。做好自己該做的，有愛或無愛，都安然對待。

＊＊＊

就走你正在走的路，聽你愛聽的歌，看你愛的電影，堅定不移地走下去。不要怕沒人與你分享，想要遇到共鳴，就得先找到自己。總有人也會聽那些歌看那些電影，不要怕相見恨晚，相見恨晚後藏的都是還好遇到了。

你沒遇見，只是時機未到。

在你尋找他的時候，他其實也在尋找你。無論對方是怎麼樣的人，他一定同樣渴望著你優秀、從容、美好。不要把大把的時間拿來幻想未來應當如何，而應該把所有的等待都用來武裝自己。

只為了當有一天遇見他的時候，能夠理直氣壯地說：「我知道你很好，但我也不差。」

為了不讓你們之間錯位，請你一定要付出十分的努力。

他不是情商低，他是對你沒用心

人生三大錯覺：手機震動、有人敲門和他很愛你。
這碗毒雞湯，恰恰是現實生活中很多女孩的心理狀態。

＊＊＊

小麥的第一段戀愛比較苦情。原本可以如膠似漆的初戀被渣男毀得粉碎。

那時候，小麥每天醒來都會給他發訊息，既當鬧鐘又當天氣預報，遇見的每一件趣事都會發給他，怕不夠生動可愛，還配上各種表情貼圖。而這位被小麥當成男神的人呢，回覆多以「哈哈」「呵呵」為主，極少主動關心小麥的近況，更別說給對方分享自己的生活了。

男神總是很忙，在旁人看來是敷衍，而小麥解釋說「射手座的男人都很慢熱」。

小麥為男神織過圍巾，省吃儉用攢出兩個月生活費，坐十二個小時火車去他的城市，就為了在他生日當天清晨拎著蛋糕出現在他宿舍樓下，而男神對小麥做的這些事只有兩個字可以形容，那就是「無感」。

室友們每次忍不住提醒小麥：「他作為男生，對你付出得太少了。」小麥總是弱弱地說：「沒關係的，他之前一段感情傷得很深，慢慢會好的。」看得出來，即便男神送給她的只是在網路上找來的三十塊錢人民幣的小禮物，小麥對這段感情仍然充滿信心。

其實我們都知道，一頭栽進愛情裡的女孩是不聽勸的。

現實打起臉來總是特別響。這段單人努力的戀愛關係還不到三個月，男神就提出了分手。而小麥似乎連說「我不想跟你分開」的權利都沒有，就被通知恢復單身了。

她坐了十幾個小時的火車去見他，他並不心疼；她苦苦熬夜不願錯過他的任何一則回覆；她對他百依百順、言聽計從失去自我；她高燒不退卻仍惦記他是否吃了晚飯……卑微的她恨不得把自己的心攤到他的面前。可這一切，真的有用了嗎？

很多道理不是不明白，只是用在自己身上就會失效。我們哪裡不知道，好的愛情哪需要你費盡心機、百般討好。

雞湯文裡不是常寫，一個人若不愛你，你再妝容姣好，溫柔體貼，款款動人，他就是看不見。你送他的糖是不甜的，牛奶不會香醇，隔三差五問他在幹嘛呢、在哪裡，這些訊息在他眼裡就跟廣告簡訊的性質一樣，你在朋友圈那麼多小心思他不關心更不會評價。好像花光了所有力氣，都觸不到他一個心動的神經。

愛情從來不是乞討與施捨，不是付出了時間精力，就能換來那個人的全部注意。愛情也不是按勞分配，多勞多得。現實中更多時候，我們上刀山下火海，頭破血流，傷痕累累，也換不來對方的一個回頭。他在你這是鑽石VIP，你在他那卻連入會的資格都沒有。

他若不跟你在同一個頻道上，那麼即使你對他發射萬丈訊號，也會統統落空。你作天作地，他不痛不癢，你傷心欲絕，他也不會慈悲安慰。他對你沒感覺、不來電，有什麼辦法呢？感動不是愛，領情不是愛，可憐你更不是愛。他看不見你所有的愛，在你眼前，他只是個睜眼瞎子。

因為愛你不需要理由，不愛你同樣也沒有任何理由。就像那句話說的，除非是相互喜歡，否則，所有的一廂情願都只是心酸。

後來小麥在微博上看到他說情話、秀恩愛，看到他送給另一個女孩輕奢品牌的新款包。小麥終於明白他並不是高冷，只是他想暖的人不是自己。

哪有什麼心傷未癒合，他只是根本不夠喜歡你。對於我們自己而言，承認你愛的人不愛你，真的那麼難嗎？

面對感情，男人還是很耿直的。他表現出不在乎你，就是真的不在乎你。一切不主動、不拒絕、不負責的態度都只有一個原因，他不喜歡你。

＊＊＊

夢晴問我：「一個人每天跟你聊天，但是不約你出去見面吃飯看電影，這是喜歡還是不喜歡？」

最近夢晴經朋友介紹認識一個男孩，每天和她聊天，甚至隨時彙報行蹤。夢晴覺得他談吐不錯，工作上進，可以發展一下，所以每天陪聊坐等他提出約會邀請。但這樣持續了一個月，這個男孩還是從來沒約過她吃飯或看電影。夢晴花了心思暗示他兩個人聊得來，甚至明示說自己喜愛南方菜系，有家新開的餐廳不錯，想去嚐嚐。那個男孩居然只回了句：「哦，那就去唄。」再沒有下句。

我說：「現在這樣的男孩太多了，畢竟聊天又不用花錢，是吧。」夢晴一臉恍然大悟的表情。

撩你或許並不是愛你，而是寂寞空虛冷罷了。你以為你是他的唯一，其實只是他的之一。你覺得他只是情商低不懂你的明示暗示，其實他只是沒把情商用在你身上。

真的喜歡一個人，即使是個成熟男人，也會像情竇初開的十八歲小男生一樣忍不住找你。即使性格沉默寡言，也會歡喜地陪你說上一整天廢話。如果他不喜歡你，就別浪費時間在他身上，否則就如同在機場等一艘船。要知道，他心裡有你，就一定會來找你。

＊＊＊

很多女孩總是問，怎麼才能知道一個男人是否愛我呢？我想起我的一個男性朋友曾告訴我，他和他老婆當年談戀愛時，連洗澡的時候都會擦乾手來回覆她。

你看，答案並不複雜，喜歡你的人對你永遠秒回，他想時時刻刻聯繫你，參與你的喜怒，洞悉你的哀樂，讓你在他的生活裡觸手可及。

他若愛你，自會披荊斬棘地來到你身邊，他若愛你，一定會對你特別用心。哪怕翻山越嶺、飄洋過海，他也會買四十八小時的火車硬座，只為跟你解釋那些誤會。他會記得兩個人的紀念日，只為了讓你明白他對你的在乎。因為愛你，是他心裡無法抗拒的事。

即使在感情裡，也沒有捷徑可以走

不知從什麼時候開始，在女孩子所有美好的品質中，努力這一項好像漸漸地消失了。

＊＊＊

瑤瑤在夜裡打來電話，邊哭邊說：「今晚我想住你那裡，我和老公吵架了。」我趕忙答應，放下電話，從被窩裡鑽出來，準備睡衣、拖鞋和被褥，溫好牛奶拿出零食。坐在沙發上，默默等待她敲門。

瑤瑤和我在彼此最拮据的歲月裡相遇，那時我剛剛開始工作，瑤瑤也才工作一年。日子過得比較小心翼翼，出門吃飯必用團購，月底也免不了吃幾天鹹菜泡麵，過時的裙子和磨薄了底的運動鞋就是我們的生活。

我們在那個合租而來的房子裡，倚在夜晚的陽臺上，分享過很多心事和憂愁。

後來她在一次公司訂貨會上邂逅了現在的老公。但自她嫁人後，我這裡幾乎就變成了她第二個家。

我會在深夜裡被電話鈴聲驚醒，睡眼迷離地聽她埋怨老公、抱怨婚姻，但每一次她的家庭爭吵，結局必定是幾天後她自己主動回家。

她急匆匆回去的背影，流露出她對那奢華的洋房、愜意的花園和貴重的衣物的惦念。她結婚的時候，我參觀過他們的住處，寬敞整潔，花園搖椅，我大概理解了她為何急不可耐地搬出租屋的原因了。

瑤瑤搬走後，我一個人支付不起整套的房租，於是又開始四處尋找便宜的住房。她對此有些過意不去，於是她熱心地把她老公身邊的朋友介紹給我，又對我進行一番苦口婆心的說教：「工作做得再好，不如嫁得好，你自己掂量掂量。」

我從來不認為自己是個清高的人，加上瑤瑤的盛情難卻，我去見了那個聽說「條件」非常好的小夥子。

那是一場特別讓人失望的見面，在聊天中我發現這個或許有著七位數存款的人，他生活的開心指數還遠不及沒什麼存款的我，他的日子裡只有遊戲、睡覺、泡夜店，剩下的時間都用來迷茫，他微信的個性簽名檔裡寫著兩個字：無聊。

可是我還是猶豫了一瞬間，在心底幻想了一下成為少奶奶的日子：自己悠閒地躺在陽臺的籐椅上翻看一本很喜歡的書，配一杯口味純正的英國紅茶，而我的丈夫正在電腦前專注地打遊戲，根本不知道東野圭吾是何許人也。

我的思緒戛然而止，身邊一陣涼風吹過，我不禁打了個寒顫。

最好的婚姻，是精神上的門當戶對。而這門當戶對真正的意義，不是門第和出身，而是價值觀和生活態度。

決定兩個人能不能在一起的，可能只是一種瞬間微妙的感覺。但決定兩個人能不能長久相處的，恰恰是相似的價值觀和共同的生活目標。

＊＊＊

溫蒂留學時為了攢出下一個學期的學費，除了上課就是打工。在咖啡館打工的時候，常看到一些女孩從髮型到高跟鞋，都經過精心的修飾，坐在角落裡，審視著每一個看似還不錯的男人。

溫蒂問我：「不是說只要自己一心一意的努力，日子就會蒸蒸日上的嗎？」

我竟一時不知該如何回答她。

我想起四年前，自己第一次來到這座陌生的城市，所有人都在和我講如今工作多麼難找。在我住的租屋旁邊是一座高級公寓，明亮的落地窗透著小資的高雅，那時候我在心裡跟自己說：你要再努力一點，依靠自己的力量，住在那樣寬敞整潔的房子裡。

而就在我為著一個個微小的目標奮鬥得不亦樂乎時，總有人會在身邊好心地提醒我婚姻的實惠。彷彿沒有人會去在意一個小人物的努力，大家更推崇的是飛上枝頭變鳳凰的風光。

婚姻的確是一生一次的託付，但你託付給那個人的，應該是愛意，而不是人生。把自己的命運緊緊地抓在自己手裡，才能活得有尊嚴有底氣，內心也才能真正自由、坦然。

＊＊＊

朋友圈裡的鹿角小姐，普通家庭出身，到寧波工作七年有餘，加班到天亮是常態，住過冰冷潮濕的地下室，週末冒雨送過外賣，如今三十歲出頭，有車有房，有顏有品，堪稱尤物。理所當然，土豪級的追求者眾多。

喜歡買包？好，無限額度信用卡給你。

想去散心？好，馬上訂頭等艙機票。

喜歡 BMW？新車開到家門口，鑰匙交到你手上。

尋常女子，在這樣的金錢攻勢下，估計早就飄飄然了，但鹿角小姐沒有。她坦然告訴對方：我真的不喜歡你，不用再送了。然而，有底氣說這句話的女子，放眼四周，少之又少。

鹿角小姐最後嫁給的男人是位留學歸國的醫生，謙和乾淨，洋氣儒雅。

然後我想起鹿角小姐曾經說過：「我之所以認真做人，努力的工作，追求財務獨立，就是因為不想變成生活的奴隸。當有一天我站在我心儀的人身邊，不管他富甲一方，還是一無所有，我都可以張開手坦然擁抱他。他富有，我不用覺得自己高攀，他貧窮，我們也不至於落魄。」

多數女孩在婚姻選擇上，將經濟條件列在第一位。然而，將錢當作最重要因素去選擇的婚姻，多數與瑤瑤的下場相似。

愛是一種奢侈品，只有把自己活成奢侈品的女人，才配得上它。

作為女孩子，當你收入可觀，存款有餘，你不用再關注淘寶降價資訊，不用在菜市場討價還價，不用一談起旅行，就冒出兩個字「花錢」，不用苦苦暗戀一個高富帥，但一想到卑微的自己便敗下陣來。

你可以愛自己所愛，響亮地說「不」，也可以自信地說「要」。你不要把日子過成一首時而離譜，時而不著調的悲歌。你可以不用為了安逸的生活，委曲求全地接受一個能提供這些的人，然後，不得不忍受他的奇葩行為、荒謬人生觀。

如果把婚姻當成謀生的工具，你要當心，一旦他翻臉，你會滿盤皆輸。靠人終不如靠己，你自己才是你最忠實的支持者。

＊＊＊

後來瑤瑤不再給我介紹男朋友，在第N次離家出走後，她披頭散髮地坐在床邊說：「其實我還是挺懷念和你一起租房子的日子，我們像是姊妹一樣相互照應。你給我唸過一篇文章，裡面有句話我還記得，當時我們都很喜歡。」

「是嗎？我忘記是哪一句了。」

「通往真愛的路，從來都沒有捷徑。」

她美麗的臉龐上帶著憔悴，我上前輕輕地抱了抱她。

一個女人過得好不好，與她所嫁之人確實有關係，但絕不是唯一的決定因素。不幸的是，當一個女人把自己的命運推至男人身邊，習慣性地把男人當作安全感時，她一生禍福全由這個男人主宰，那是多麼可悲的一件事情。

這種盲目託付和過度依賴，既是對自己的不負責任，也是對婚姻的不負責任。

這世上哪有值得託付一生的男人啊，若依靠，應是彼此依靠，若需要，應是互相需要。絕不能是我把自己交給你，由你處置，或者我完全仰賴你、依附你，一旦你抽身而退，我便立刻陷入絕境。

任何一個獨立的成年人，都沒有理由把自己託付給另一個人，你的人生必須永遠是你的。

人人都指望能夠低投入高回報，在我們對生活提出很多很多要求前，我們得先對自己有要求。每個平凡而有野心的姑娘，都希望自己能夠獲得一位英俊多金的成功男士的青睞，然而只有努力，才能給自己翻盤的機會。

在這個真實的世界裡，即使在感情裡，也沒有捷徑可以走。

世間所有的內向，都只因聊錯了對象

事實上，婚姻不是非此即彼的單選題，除了愛與利益共用，更是兩個人在一起吃很多很多的飯，說很多很多的話。

＊＊＊

把天聊死，是一種怎樣的體驗？

在一個訪談節目裡，來賓聊到創業初期的辛酸歲月時說：「我當時坐在飛機上看著那個月亮，圓圓的月亮，萬念俱灰，真的就這樣覺得……」

這時，主持人突然插了一句：「坐飛機上怎能看到月亮？」愣了幾秒，她自問自答：「啊，透過窗戶能看到。」

「呵呵，呵呵呵。」來賓乾巴巴地笑了。融洽的氛圍被破壞得一乾二淨。

兩個人聊天，卻不能進入對方的頻道，一句突兀的話，不但沒有刷出自己的存在感，而且把天也聊死了。

知乎上也有過相似的話題：聊天不在同一頻道上是什麼感覺？

「從來沒覺得空氣都是打擾。」

「我說三毛，你說是三毛漫畫嗎？」

「明明很生氣，卻還是要保持微笑。」

「我說的你聽不懂，你說的我全知道。」

「好像百家講壇和 TVB 電視劇同時播放。」

「談到《不朽》，一個在說落落[3]，一個在說米蘭•昆德拉。」

「我說想玩沙，你帶我去了撒哈拉，可我愛的卻是沙灘上浪花拍打的沙。我心中吐血，臉上還得面帶微笑，想要呵呵噠，你卻以為我在說棒棒噠。」

網友們的回覆雖帶笑點，卻句句說到心坎裡。

我們身邊總有一些人，你還未說完，他就打斷你。你剛解釋過的問題，還要重複問上好幾遍，他還有一句沒一句地回應著。原本兩分鐘就能講完的事，解釋兩個小時還未完。時間浪費不少，更煩心的是還不能有效地解決問題。

那麼，兩個能聊得來、說得上話的人是什麼樣子的呢？

有人這樣形容：他總能接上你拋給他的點，並且又拋回來一個，有來道去的，像說相聲一樣，過程中你還一直在笑，能做自己不用假裝。

3 編註：中國女作家，一九八二年生，散文集《不朽》為其作品之一。

說話不累，成了人與人相處的第一門檻。

毋庸贅言，沒有人天生喜歡孤獨。人總有跟人聊天的渴求，渴望靈魂被瞭解。整形醫院大行其道的今天，美貌讓人對你更有興趣，從而去聊天、去瞭解。但是，它還遠遠不能把你帶到更高的層面。

如果你沒有其他的東西讓人對你保持興趣，那美貌的吸引力也就是五分鐘的事。

＊＊＊

朱軍曾採訪演員王志文：「你想找個什麼樣的女孩？」

王志文想了一會兒，回答：「就想找個能隨時隨地聊天的。」

看到大家表現出驚訝，他接著說：「比如你半夜裡想到什麼了，你叫她，她說：幾點了？多睏啊，明天再說吧。你立刻就沒有興趣了。有些話，有些時候對有些人，你想一想，就不想說了。找個漂亮的女孩好像不是很難，找到一個你想跟她說，能跟她說的人，不容易。」

如果一起生活的人沒法與自己談天說地，推心置腹，那婚姻不過是彼此孤獨的見證。

曾在別處看到一個故事。男子和妻子結婚快二十年了，他的妻子容貌普通，穿著質樸，但眼睛裡總是閃著光芒。

直到今天，即使他說出要去探險的話，妻子都會立刻眼光亮起來：「好啊好啊！什麼時候出發？」

雖然和其他同齡人一樣，他們同樣要面對車貸房貸、孩子教育問題，可是他們從來沒有覺得生活無趣，婚姻令人疲乏。他們一起在花盆裡挖過蚯蚓，一起在水槽底下種過豆芽。

他的妻子從來都沒說過：「這東西有什麼用？」其實很多女人都不知道，這句話一出，她的好奇心就死了，是讓對方頓時失去聊天欲望的開始。

真正對這個世界感興趣的人，一定特別會聊天。

＊＊＊

有一次看電視節目《金星秀》，嘉賓是單眼皮男神趙又廷。

內斂低調的趙又廷坦言自己個性比較宅，也很無趣，但和高圓圓在一起時，兩個人的話會出奇得多。在剛剛認識後的聊天中，兩人發現彼此想法觀念一致，情趣相投，不論什麼話題都能說到一處去，話一出口，一拍即合。

他的話不禁讓人藉此想像——妻子上灶掌勺，丈夫在一旁打著下手。兩雙手一起料理油鹽醬醋的煙火美食，兩張嘴爭先忙活甜言蜜語的私房菜餚，男人談笑風生，女人笑語盈盈。

要是一言不合，還可以多聊幾句試試。要是千言萬語都不合，還怎麼談戀愛呢？

可見，聊天是件需要棋逢對手的事，世間所有的內向，都只因聊錯了對象。

如今，很多女孩子遵循一種愛情觀——要麼有很多很多的愛，要麼有很多很多的錢。

對方既然能夠在日日相對夜夜同眠的生活中，與你共繪一幅你愛談天我愛笑的好景致，又怎麼可能對你不是知冷知熱、不把你放在重要位置呢？

兩人約會，吃遍珍饈美饌總會乏味，看完電影總要散場，其實約會的本質就是溝通。以後你們要面對的最漫長的遊戲，就是彼此赤條條地相處，用言語吸引對方，靠交流去構建你們二人之間的奇妙場域。

我想，一個真正的伴侶，就是能和你言無不盡，而意猶未盡的人。

漫漫人生路，要想少一些寂寞清冷，除了交幾位能夠東拉西扯的朋友，更要擇一個可以談天說地的配偶，等到執子之手與子偕老時，依然有人陪你談笑風生，多好。

這輩子稀罕的是遇到一個懂你欲言又止的人

我們這一輩子，遇到愛、遇到性都不稀罕，稀罕的是遇到一個懂你欲言又止的人。

＊＊＊

隨著年齡的增長，我們開始習慣於做這樣一件事情：互道晚安，然後各自失眠。

柚子和大陳是一對星座不合的情侶。一個總是嫌棄對方不理解，另一個則總是抱怨對方太麻煩。

一次聚餐，柚子因為加班來得晚了一點，來了以後發現一桌子菜裡，每一樣都有香菜，偏偏柚子向來討厭香菜的味道。她看了眼大陳，大概是顧忌朋友在場，什麼都沒說，只是一個人默默地挑出香菜。

我推了推大陳：「快點，到你表現了。」他撓了撓頭，說：「我不知道她不吃香菜。」

後來，柚子跟我說：「其實每一次吃飯，我都會叮囑餐廳不要放香菜，他竟然不知道我不吃香菜。有時候，心情不好想跟他打個電話，他總是說工作很累，抱怨我太多牢騷，叫我放平心態，早點睡覺，就沒那麼多想法了，我真的只是想跟他聊聊天就好了。大概，他只是不願意花心思去理解我而已。」

嗯，同樣作為女生，我覺得柚子的要求真的並不高。

懂你，難道不是愛情裡最重要的門檻嗎？

工作越來越忙，生活壓力越來越大。即使是情侶，也很少人會耐心聽對方講他的故事，因為每個人都有自己的話要說。很少有人喜歡聽對方的抱怨，因為每個人都有自己的滿腹牢騷。在這個快節奏的時代，有多少人把愛情當作速食，在一起簡單，懂你太累。又有多少愛人懂得彼此欲言又止的卑微心情，懂得給心靈搭一座橋到對方心裡瞧一瞧。

可我們又是多麼地渴望有一個心靈相通的愛人，一個聲音、一個眼神、一個動作，便能知根知底，接著相視一笑，一切心領神會。

靈魂上的水乳交融是多麼的美妙，有人懂得你的欲言又止又是那麼奢侈。

＊＊＊

微博有則轉發量過百萬的段子。

一對夫婦逛街。阿姨拿著一條粉色的絲巾說：「這條還不錯噢？」

那位叔叔回答：「喜歡就買了。」

阿姨說：「還是算了吧，一把年紀了，這個顏色太嫩了。」

叔叔說：「哪有，挺顯年輕的，漂亮極了。」

說話間就拿著絲巾到收銀台買單去了。只見阿姨笑得像一朵花似的。

其實我想，她心裡是喜歡的，說著言不由衷的話是想要得到老公的肯定。我想要是叔叔說「哦，那算了吧」後轉身就走的話，阿姨心裡肯定是失落又失望。

出門時，那位阿姨歡喜地挽著叔叔的手，好似一個少女般。叔叔說：「我還不知道你，看著你那眼神我就知道你看中了，今天要沒買你會遺憾的。」

也許男生會說女生就是麻煩，有什麼話可以直接說，為什麼要這麼拐彎抹角？

女人本來就是一種很奇怪的生物，細膩而善變。電影《我的少女時代》裡有一段臺詞每次看都很有感觸：「很久很久以後我們才知道，當一個女孩說她再也不理你，不是真的討厭你，而是她很在乎你，非常非常在乎你。」

＊＊＊

時間是個很奇妙的東西，它可以見證很多事情，也可以讓你們相互瞭解。而懂得才是愛情的前提，更是婚姻的前提。

認識一個人、喜歡一個人、愛上一個人有時都是一瞬間的事情，但是想瞭解一個人或許要很久，甚至一輩子。

你皺個眉頭、動下嘴巴，他能知道你想要的是擁抱還是親吻；他打你電話，通了卻又不語，你能知道他想要的是討好還是安慰。

你喜歡熱情文藝的小雛菊，他卻送你一大束嬌豔欲滴的玫瑰，他或許還會興高采烈地問你：「親愛的，你喜歡嗎？這是我為你準備的。」你開心嗎？

你喜歡兩個人安靜地坐在那裡什麼話也不說，他握著你的手，然後你們一起閉著眼睛聽喜歡的鋼琴曲，他卻在旁邊一直講著自己的工作或者招待朋友回家吃飯的事。你開心嗎？

你喜歡把房間布置成自己喜歡的樣子，木色主調，乾淨典雅，他卻自作主張換上了幾何圖案的壁紙。你開心嗎？

答案很肯定，你肯定不開心。這就好像你愛蘋果，他偏給你一車香蕉，然後還得讓你感謝他，真叫人有苦說不出。

想要瞭解一個人，其實很簡單，不過是留意那個人的一舉一動，記住那個人的習慣、喜好。

他能給你適當的小驚喜，記住連你自己都忘記的紀念日；他能明白今天你的話變少是因為工作中遇到了困難；你和他在一起，不需要很多言語，有的時候你看著他，他看著你，兩個人就這麼笑起來，至於之所以為什麼會笑，也只有你們兩個人才知道。

只要你相信愛情、相信遇見，你終會遇見一個人，他懂你的心思、你的脆弱、你的心軟，懂你的口是心非和欲言又止。

你的善良在他的眼裡是無價之寶，你的天真是他最想呵護的城堡。他帶給你正能量，讓你的心得到溫暖。

萬人撩你，不如一人懂你。懂你的人，最是珍貴。如果有，那便好好珍惜吧。

愛情裡所有的套路，最後都會輸給真心

多年後再見面，流淚的多半是當年那個狠心的人。

＊＊＊

關於愛情，人們總是有太多疑問糾結。無論是電視劇還是現實生活中，相信每個人都會聽過這樣類似的對話。一個人拍著另一個人的肩膀說：「喜歡她就去追唄，我們幫你想個幾招。」「套路」這個詞，或許就是這樣來的吧，而且越來越流行；具體什麼意思無從查起，但是聽得多了，自然也心領神會。似乎現在談個戀愛，如果不會一點套路，根本不行。

有段關於如今朋友圈亂象的描述特別有趣。如今在朋友圈裡，許多人是高大上的精英，上個月在巴黎購物，這週在臺灣體驗民宿，下週要去香港品嚐甜品。出門必是豪車，自拍必是尖臉，轉發必是雞湯，回覆必是高冷。女生都美到窒息，善良得人畜無害，穿戴自己最貴重的服飾，香水撲鼻，說自己愛好旅行，喜歡攝影，唯讀張愛玲。男生扮好造型，口若懸河，月入過十萬，有房有車，多金多才，準高富帥。

男女交往先互相試探三百回合，誠意全看紅包，欲拒還迎，欲說還羞，以退為進……這些套路如果編成一本書，恐怕連《孫子兵法》都自嘆不如。

「我走過最長的路，就是你的套路」，這話果然是寫實的。

＊＊＊

閨蜜的聚會裡常常充斥著這樣那樣的心事和抱怨。

剛從國外回來的三十歲的王小姐與風流倜儻的胡先生，談著一場博弈般的戀愛。你這回微信回慢了，我下次就不主動約你吃飯，我那次貼了和帥哥同事的合照，你便三天都沒有聯繫我。

王小姐堅持自尊大於愛情。用她的話說，「我永遠都有資本和時間等一個對的人」。

而即將步入婚姻殿堂的C小姐和老公D先生冷戰一個月有餘，不過是雞毛蒜皮的小事卻誰都不願意塞給對方一個臺階，以不在乎和撂狠話來判斷自己在對方心裡的重要程度。好像兩人心裡都在較著勁，絕不能輸了陣勢，以免將來大權旁落，後患無窮。

後來，D先生買了鮮花和禮物站在C小姐的樓下，我們以為這次總該峰迴路轉、和好如初了，豈料C小姐在下樓前接到了D先生的電話：「你知道我準備這些花了多少錢和時間嗎，你怎麼還不下來？」本來一臉欣喜的C小姐瞬間鬱悶，好像這一切不是為了挽回愛情，而是「我都這樣做了，你必須配合」的套路。

這一場場「生意」裡沒有怦然心動，沒有日夜思念，沒有你儂我儂，有的只是利弊和欲望。

心裡也有過柔軟的一瞬，或許是經歷過離棄和背叛，才會把愛以輸贏計較，對自己的付出有著嚴格的警戒線，在任何時候都不願放棄何時撤退的盤算，和如何出手的契機。

在《歡樂頌》這部劇裡，安迪和奇點第二次見面吃飯，奇點問安迪：「我那邊一哥們說，你開的911，是從他們店買的。」安迪微微一笑，解釋了一下跟這輛車車主的關係。走的時候，他搖下車窗，對奇點說：「別老是試探我、判斷我。」然後揚長而去。

為什麼最後安迪和奇點沒有走到最後？不同人有不同的看法，我覺得最重要的是，奇點用防範和算計這個戀愛套路，侮辱了在感情上如白紙的安迪對愛情最簡單的嚮往。

與漫長的人生相比，套路這東西顯得很短又不堪一擊。

＊＊＊

不久前，閨蜜的海島婚禮昭告於朋友圈。新娘還是那個眼睛彎彎的傻白甜小姐，新郎也還是我們熟悉的帶著痞痞笑容的張先生。

情節或許有些平常，相戀於校園，畢業之後頂著各方壓力苦苦支撐異地戀。中間的爭吵、委屈、妥協自然也不會少，但最後時光沒有辜負認真對待愛情的人，七年愛情長跑終於開花結果！

在婚禮上，閨蜜拿著麥克風，用微微發抖的聲音說：「我們吵過、鬧過，但你一直沒有放開我的手，我不確定未來是什麼樣子，但我知道自己的未來裡有你。」

誠懇如此，平凡感人。

有些人將「愛情裡，一旦認真你就輸了」奉為戀愛祕笈，卻不知愛情是很公平的東西，不用心就一定會輸，都不用意外。

如今的每個人好像都太忙，忙得不想花那麼多時間去用心考量一個人，而是希望用一點套路一測，就測出對方是什麼心。

還好有這樣真實的故事，會讓人在對愛情失望的時候又燃起一點希望。這世界上錢買不到的東西太多，譬如幸福，譬如愛情。再多的金錢買不回一顆真心，再多的套路抵不過一句珍惜。

＊＊＊

有人說，時光的輾轉可以讓很多東西面目全非。從愛到不愛像是一個無常的迴圈。但能讓愛持久的，一定是一顆不移的真心，對上了另一顆不移的真心。

對於愛情這類靠荷爾蒙撐不了多久、且極度考驗人的毅力與忍耐力的東西而言，尤其不可或缺的就是「認真」。

有人對「真心」做出過這樣的解釋：它有點像傻孩子間的遊戲，把埋在肺腑的真心話都統統拿去大冒險，手裡只有奮不顧身和堅持到底兩件武器。就是這樣的「傻孩子」，往往才是愛情這場「戰役」最後的贏家。

當你歷經情場坎坷，想安心過日子的時候，你心頭想起的一定是那個知冷知熱的老實人。你不會納悶，為什麼當年風靡校園的校花女神最終嫁給了一個「愛了她最久」的人。而我，也不會再因為媽媽說當年她最看好的就是爸爸對人對事坦誠認真而心生訝異。

事實上，我們每一個人都很孤獨。

哪怕白日裡人前人後，呼風喚雨，多麼風光。夜深人靜，黑暗吞噬一切，也會有傾訴的欲望，渴望被瞭解，渴望有人懂。

那些曖昧的人以及曖昧的話，只有在你內心最脆弱的時候才會乘虛而入。當你有了對抗寂寞與孤獨的能力，和對真情假意的分辨力，那些有意無意的曖昧，再也入不了你的眼了。

有些人，口口聲聲說愛你，可所說的每一句話，所做的每一件事，不是滿足自己的控制欲，就是強迫你去做讓他滿意的事。那麼，你就該想想，對方到底是為了你好，還是為了自己好了呢？

人生漫漫，我們是為了獲得各種真實的感情來到這個世界的。套路這件事，最大程度浪費了我們的生命，把我們無限度地拉進平庸，最終會讓我們厭倦自己、厭倦愛情。

如果，非要給愛情加上一個「套路」，我希望這「套路」是這樣：因為我愛你，我的所有努力出於真心、來自善意，只為你快樂。感謝有幸相愛，分享彼此的快樂，懂得彼此的不容易。

請你記得，只有真誠才是談戀愛最有意義的套路。餘生裡兩個人在一起，沒有套路，有的應該只是愛情應有的樣子，純粹和認真。

你男神那麼優秀，你怎麼好意思懶惰

女神和女神經的區別在於，一個在不斷完善自己，一個在任歲月蹉跎自己。

＊＊＊

我有一個好朋友露露，上次去她家的時候，她完全顧不上招待我，而是正在卯足勁學葡萄牙語，為的是能靠近自己喜歡的人，跟自己的男神無障礙交流。

我說：「你都多大了，還搞這種單戀行為。」

她叼著筆，搖搖頭，微笑著不說話。

那天下小雨，露露的心情和天氣一樣潮濕，情場、職場雙受創的大齡女青年露露逛了一天，準備吃頓火鍋治癒一下自己。她好像從來沒一次吃下過那麼多的羊肉、海鮮和蔬菜，事實上，餐桌上的空盤子空碗告訴人們，這女孩不僅能吃肉還能喝酒。

吃多了肉喝多了酒，露露臉上紅通通的，她站起身，一步邁出，搖搖晃晃，索性隨手一抓，以便解救即將摔倒的困局。

「不好意思。」露露感覺臉又熱了一下。

「你還好嗎？」對方十分紳士。

露露的嘴唇動了動，那一句「我沒事」始終沒說出口。她忍著頭疼，站起身，輕輕地擺了擺手。

你以為事情就這麼結束了嗎？當然不，站起身的露露這次一步未邁就吐了。事後的橋段依然老套，為了賠償葡萄牙男人的外套，露露記下了他的聯繫電話，他叫傑西。

週末，露露約了傑西，本意是歸還外套。那天他穿著一件白襯衫，褐色的短髮有些微微的自然捲，笑容謙和。五月，太多的植物發芽了，還有露露的那顆少女心。

從那以後，他們便成了朋友，常常坐在一起聊聊電影、聊聊工作或是聽傑西說一些葡萄牙的人文風情。傑西是金融界新秀，能力出眾，性格溫潤，不乏女生喜歡。

露露回家對著鏡子裡臉色微黃、身材走樣的自己，再想想大家有時一起聊天時，自己完全不在那個頻道，連話都接不上，好像傑西不喜歡這樣的自己，也是情理之中的事了。

改變的決心，大概就是從那一刻變得堅定無比。

露露開始關注健康減肥方法，從早晨的溫開水，到中午的少鹽多菜，再到晚上的優酪乳和拉伸運動。方法簡單，成本低廉，如果非要說出缺點，那就是很不容易堅持。

這世上沒有任何一件可以一勞永逸的事，倘若你渴望更好的自己，又沒有足夠的耐心和毅力，你很難達到理想的狀態。

變美和學習這兩件事更不可能來得毫不費力，它更需要日復一日不厭其煩的堅持。進步是一條不歸路，如果你沒有犧牲隨心所欲的準備，就不要再羨慕別人趨向完美的臉蛋和身材，也不要再抱怨別人的話題你永遠也插不上嘴。

露露就這麼一聲不吭地堅持了大半年，同時每天堅持學習外語，參加了插花課和烹飪班，花插得美麗動人，廚藝更是精進不少。堅持之後得到的成果是卓然的：皮膚光滑，身材緊緻，以前需要衣服遮蓋瑕疵的蝴蝶臂和寬臀已然消失，修正了身體的小瑕疵，自信心爆發。

輕熟女子遇見心儀的男人不會再暗戀失眠，她更有可能會主動出擊，歷經成長的蛻變，她們已然懂得自己想要什麼，以及如何得到所需。她們很自省，認定活到老美到老、活到老學到老是無法逃避的社會需求，她們看重自身，而非一味向他人索求。

當露露穿著淡紫色長裙、珍珠白的小外套，腳踩高跟鞋，栗色的捲髮間別著素雅的髮夾，渾身散發出一縷香氣，琢磨不透，若隱若現，那是輕熟女子所散發的優雅味道。

陽光懶洋洋地晒在她身上，傑西眼底閃出熱烈的火花。

但故事的最後，露露並沒有和傑西走到一起。因為新工作的調動，露露被派去英國進修。

這段有緣無分的愛情並沒有讓露露再次低落谷底，她感謝傑西的出現，她說她對得起自己的那份喜歡。

能遇到讓你心動的人很難得，不要當遇到想要追求的愛情時，才發現自己不夠優秀，人生能讓你後悔的次數並不多。

有多少女人期望尋求一個「怕失去我」的人，這是一種懶惰，一種糊塗，不斷期望，然後只能不斷失望。你妄圖在愛情領域裡翻雲覆雨一勞永逸，卻忽略了，哪怕身在童話世界，也到底是成年人，必須遵守成人世界的評判標準。

世界那麼大，生命那麼長，面對望而不得總得努力一下吧，即使不能破繭成蝶，變成蛾子晃花人眼也是好的。

何況，命運那張一本正經的臉，總愛來點不適宜的趣味表情，你刻意追求，它翩然飛走，你專心致志時，驚喜往往會悄悄降臨。

無論多著急，或者面臨一個什麼樣的情況，都不要丟了自己。無論多害怕失去，也不要被不確定的事影響了現在的心境。

在大多數的等待或者堅守中，本就有著太多的不可控，你不知道身處的這段感情會走向何方，你能做的就是把自己變得更懂得珍惜更優秀，從而能夠不再那麼害怕失去。

從現在開始，鼓起全部想要愛的勇氣，對自己說加油，你可以變得更美好。

從現在開始，鼓起全部想要愛的心，告訴自己，謝謝曾經的傷害，讓你擁有軟肋的同時也擁有保護自己的鎧甲。

如果說現在的戀情真的需要規避風險，那麼這才是規避風險的正確辦法。

每個女孩都想找到將自己視若珍寶的人，但實際上或許有人會愛你，或許有人對你百依百順，但很難做到一輩子都珍惜。所以，你最需要做的是，在尋找那個對的人的過程中，同時將自己視若珍寶。

別人愛你都是虛妄，珍愛自己才是真的。

先一個人活色生香，再兩個人相得益彰

不論你過沒過耳聽愛情的年紀，有些話真的就只是聽聽就行了，千萬別當真。

＊＊＊

Kimi坐在我對面，委屈地嘟著嘴，聲淚俱下地向我控訴著她才華橫溢的男朋友找了所謂「志趣相投」的人，毫不猶豫地棄她而去。

面前的咖啡從溫熱放到冰冷，看著她滿滿膠原蛋白的臉上，掛著彎彎的淚痕，眼淚吧嗒吧嗒地滴在杯子裡，泡沫漾起微小的漣漪，我猜那一定是苦澀的味道。

且不說這樣的男人值不值得女人以淚洗面，當終於愛恨怒罵之後，理智回歸到正常人的頻道，作為被拋棄的女人是不是該想想，為什麼他在最後選擇了另一個人，而被拋棄的是你？

網路上有段很流行的話：他說喜歡你嬌嫩的臉蛋，你便把學習英語的時間用來敷面膜、看美容雜誌學護膚；他說喜歡你及腰的長髮，你就真的花大量的時間和金錢來打理頭髮；他說喜歡你的撒嬌和偶爾矯情的小脾氣，你就真的嗲聲嗲氣，動不動就耍任性一下；他說工作不順心就別做了，我養你，你就真的不努力、不上進，由著自己散散漫漫、隨波逐流。

你把這些騙人的話當了真，那個人成了你生活的重心，你做的每一件事，都是為了維護所謂的「愛情」。當他丟下你，轉身離開時，你的心便被抽空了。

你不經營自己，在未來的某一天，當你沒有足夠的自信與那樣出色的他並肩而立，他怎麼能把你規劃在往後的人生裡？

作為一個女孩，如果外在條件先天不足那至少可以後天彌補，但是如果內在條件極度匱乏還不自己努力，那對不起，請心智成熟一點再來談愛情。

＊＊＊

有這樣一類人，他們的生活本來就不缺樂趣、不缺事業、不缺自省，他們不需要愛情為他們帶來更多的東西，愛情為他們帶來的只是愛情。對於他們來說，愛情不是風險投資，也沒有得失成本，所以心裡才能對愛毫無畏懼。

所謂「什麼都不缺」，是指那些真正屬於你內心的東西，讓人過得幸福的東西。他們大多做著自己喜歡的事情，知道自己想要什麼。他們知道有些事需要妥協，有些事依舊需要堅持。他們需要愛情，但也從不過分依賴愛情；他們懂得現實的重要性，但也不影響他們堅持自己的浪漫；他們孤獨，也會想有個人來陪伴，但從來不會匆忙尋找擁抱。

這些人，大多能經營好自己，保持從容，真正做到隨遇而安。他們並不把愛情看成一種急需完成的試卷，而是一種讓自己人生更加完整的東西。

如果愛情不能讓生活比現在過得更好，那寧可不要。而當他們遇到讓自己心動的人，也會有足夠好的姿態出現在喜歡的人面前表達。

能夠遇到讓你心動的人很難得，不要當遇到想要追求的愛情時才發現自己不夠優秀。若你沒有獨處的能力，便也不具備相愛的實力。

那些能夠遇得良人、能夠婚姻美滿的人，從來都不是因為幸運，他們首先懂得經營自身。一個人的日子能活色生香，兩個人的世界也能相得益彰。

不信你看那些光芒萬丈的姑娘，凱特・米德爾頓在認識威廉王子之前就已經是學霸兼曲棍球隊隊長，維多利亞在嫁給小貝之前早已是紅遍全球的辣妹，她們哪一個是楚楚可憐仰面等待王子來吻醒、依靠男神來拯救的？

那些能把愛情經營得有聲有色、風生水起的女子，一個人的時候也絕不是淒涼孤苦、自怨自艾的。她們在獨自生活的時候就保持了製造新鮮感和樂趣的能力，所以她們的愛情，不是苦兮兮的「沒你不行」，而是笑呵呵的「有你更好」。

能一個人精彩，才能與全世界相愛。

收起不中用的眼淚吧，忙裡偷閒的時光無須再為誰牽腸掛肚，一杯熱茶，一本好書，伸伸懶腰的空隙裡烹製一道佳餚，足以享受一個恬靜美好的午後。遇到陽光明媚的時候，一個人，一個背包，就有足夠的理由去外邊走走。

世界那麼大，你真的就不想去看看？或是心情放鬆之時，穿一雙不磨腳的平底鞋，化個簡單的妝，去你最愛的那家書店逛逛，在那裡結識不同閱歷的人。碰上下雨天也不必黯然傷神，舒服地窩在沙發裡，看看身後日漸豐盈的書架與膚白貌美的自己，你自會明白在這世間生存閱讀、性情與美貌同樣重要。

書籍、電影、音樂、旅行，在沒有人陪伴的日子裡，它們會陪你度過美好而靜謐的歲月。

在那個人出現後，你還是要跟它們作伴，還是要這麼討好自己。

＊＊＊

盡量不要把太多精神寄託在充滿變數的事情上，要把更多期望寄託在自己的身上。愛一個人最好的方式，是經營好自己，給對方一個優質的愛人。不是拚命對一個人好，那人就會拚命愛你。

俗世的感情難免有現實的一面：你有價值，你的付出才有人重視。愛情是一次託付，但你託付給對方的，應該是愛，而不是人生。

把自己的人生緊緊抓在自己手裡，才可能活得有尊嚴、有保障、有安全感，內心才能真正的灑脫坦然。

終有一天，所謂的安全感會變成出門時手中的鑰匙、手機裡的滿格電、購物時不再癟乏的錢包與兩三個志同道合的摯友。

那麼，一段盪氣迴腸的愛情也好，一場說走就走的旅行也罷，你都將有足夠的勇氣與能力去擁有。

愛情，有時會姍姍來遲，但走得慢、來得晚都沒關係，只要它是真的。而所謂的好運氣，只有當你單純地不帶任何私心雜念的時候，它才肯降臨。

期待愛情沒有錯，只是在那個人到來之前，你要做的就是先替他照顧好自己。即使你是一個人，也可以有五光十色的生活。

一個能給自己提供正能量的人，一個能溫暖自己的人，才能不憂不懼。緣分到了便去伸手抓住，緣分未到就讓自己活得精彩。不是有了緣分生活才會精彩，而是你自己的生活精彩了，才會吸引緣分。

願你能早一點明白，對於長久地維繫一段親密關係而言，好的性情比好的外貌重要，反思自我比洞悉對方重要，修養品德比掌握技巧重要。

對於獲得更多的人生的滿足感而言，成就一個自強獨立的自我比成功地維繫一段親密的兩性關係更重要。

高寶書版集團
gobooks.com.tw

高寶文學 033

高捧顏值的時代，勝出需要腦袋

作　　者　萬特特
特約編輯　林婉君
助理編輯　陳柔含
封面設計　林政嘉
內頁排版　彭立瑋
企　　劃　何嘉雯

發 行 人　朱凱蕾
出　　版　英屬維京群島商高寶國際有限公司台灣分公司
　　　　　Global Group Holdings, Ltd.
地　　址　台北市內湖區洲子街 88 號 3 樓
網　　址　gobooks.com.tw
電　　話　(02) 27992788
電　　郵　readers@gobooks.com.tw（讀者服務部）
　　　　　pr@gobooks.com.tw（公關諮詢部）
傳　　真　出版部　(02) 27990909　行銷部 (02) 27993088
郵政劃撥　19394552
戶　　名　英屬維京群島商高寶國際有限公司台灣分公司
發　　行　英屬維京群島商高寶國際有限公司台灣分公司
初版日期　2019 年 4 月

原書名：你的美貌不敵你的熱鬧
本作品中文繁體版通過成都天鳶文化傳播有限公司代理，經瀋陽悅風文化傳播有限公司授予英屬維京群島商高寶國際有限公司台灣分公司獨家發行，非經書面同意，不得以任何形式，任意重製轉載。

國家圖書館出版品預行編目 (CIP) 資料

高捧顏值的時代，勝出需要腦袋／萬特特著 . -- 初版 . -- 臺北市：高寶國際出版：
高寶國際發行 , 2019.04
　面；　公分 . -- (高寶文學：033)

ISBN 978-986-361-655-9(平裝)
1. 自我實現　2. 生活指導

177.2　　108002413